KB082232

무조건 돈버는 블로그 운영 노하우

13 년째 블로그로
잘먹고 잘살고 있습니다

무조건 돈버는 블로그 운영 노하우

13년째 블로그로
잘먹고 잘살고 있습니다

발 행 | 2022년 11월 21일
저 자 | 나상훈(코덕남)
펴낸이 | 한건희
펴낸곳 | 주식회사 부크크
출판사등록 | 2014.07.15(제2014-16호)
주 소 | 서울특별시 금천구 가산디지털1로 119 SK트윈타워 A동 305호
전 화 | 1670-8316
이메일 | info@bookk.co.kr

ISBN | 979-11-410-0115-5

www.bookk.co.kr
ⓒ 나상훈(코덕남) 2022
본 책은 저작자의 지적 재산으로서 무단 전재와 복제를 금합니다.

무조건 돈버는 블로그 운영 노하우

13년째 블로그로
잘먹고 잘살고 있습니다

나상훈(코덕남) 지음

차
례

CHAPTER2 I 블로그 운영 노하우

블로그로 13년째
잘먹고 잘살고 있습니다

블로그를 시작하길 잘했다는 생각이 들 정도로 지금까지 13년 이상 꾸준히 블로그를 운영해오면서 각종 체험단이라든지 원고료 수익이 생활에 도움을 주고 있을 정도로 쏠쏠하다. 물가도 많이 오른 요즘 직장인의 월급 만으로는 하루하루 살아가기 굉장히 빠듯하지 않은가. 직장인으로 벌어들이는 월급 외 블로그 수익과 협찬까지 더해진다면 생활이 풍요로워짐은 두말할 필요도 없을 것이다.

가장 행복한 때를 꼽자면 회사를 다니면서 퇴근 후 혹은 주말에 블로그 체험단으로 두피관리, 피부관리, 피부시술, 마사지 등을 받으러 다닐 때가 아닐까 싶다. 보통 이러한 것들은 내 돈을 주고 진행해야 하는 경우가 많은데 드는 비용 없이 체험 후 블로그 포스팅만 작성하면 되므로 이보다 좋은 것도 없다는 생각이다. 그래서 주변 사람들에게도 블로그 운영을 적극 추천하고 있는 것이다. 그럼에도 많은 사람들은 이 핑계, 저 핑계로 블로그 운영을 하지 않는 경우가 많더라.

요즘엔 블로그를 운영하는 사람도 과거와 비교하면 굉장히 많아진 편이고 시중에 블로그 관련 도서와 강의, 전자책 역시 너무나도 많이 나와 있다.

솔직히 블로그가 잘될 때는 나 역시 더 많은 공부를 해 전문가처럼 블로그를 운영하고자 노력했다. 물론 공부를 하다가 몰랐던 정보를 새롭게 알게 되면 굉장히 뿌듯하지만 공부하려고 여러 권의 책을 보다 보면 대부분의 내용들이 엇비슷했다. 이 말은 즉 블로그를 잘하기 위해 여러 권의 책을 읽는 것도 물론 중요하지만 한 권의 책이라도 제대로 읽어 기본적인 운영 방법들을 익히되 그것을 토대로 직접 실행해보고 시행착오도 겪어 가면서 나만의 방식을 찾는 것이 더 중요하다는 것.

블로그 운영 관련해서는 정답이 없으며 대부분 블로그를 운영해본 사람 노하우 역시 제각각 천지차이다. 앞서 말한 것처럼 블로그 운영에 정답은 없지만 초기 블로그 운영 시 혹은 블로그 운영을 오래하긴 했지만 노출이 잘 되지 않거나 수익창출이 일어나지 않는 사람의 경우 기본적으로 알아야 할 정보를 모른 채 막무가내로 블로그를 운영했을 확률이 높을 것이라고 생각한다.

내가 이 책을 쓰게 된 것도 블로그를 운영하는 사람들이 제대로 된 운영전략을 익히고 효율적으로 운영해 블로그를 운영하는 재미와 동시에 수익까지 누렸으면 하는 마음에서다.

블로그 시작 물론 좋다. 현재 5천만개가 넘는 블로그가 개설되어 있다고는 하지만 이 중 꾸준히 운영하면서 수익을 내는 사람들은 극히 드물 것이다. 부업을 한답시고 급하게 마음먹고 블로그를 운영하는데 단시간에 수익이 나오지 않는다고 중간에 포기하는 사람들 역시 많다. 하지만 나 역시도 블로그를 매일같이 꾸준히 운영했기에 좋은 결과와 수익을 낼 수 있었던 것이다. 그러니 블로그를 시작하려는 사람이라면 단순 돈이 아닌 본인의 목표 아래 블로그를 꾸준히 재밌게 운영해 그 이후에 수익과 각종 혜택들을 받아갔으면 하는 바람이다.

나는 블로그를 처음 시작할 때 아무것도 모르고 재미로 시작한 케이스이고 직접 해보면서 다양한 것들을 공부하고 알게 되어 더욱 블로그를 꾸준히 운영할 수 있게 되었다. 아무쪼록 블로그 시작 지금도 늦지 않았다. 머리 속으로 생각만 하지 말고 일단 본 책을 끝까지 다 읽고 운영 노하우를 터득한 다음 내 블로그와 맞는 키워드로 꾸준히 포스팅을 하면서 내 블로그를 활성화시켜보도록 하자.

블로그 운영은 초기 자본도 필요 없다. 단순히 핸드폰 카메라와 컴퓨터만 있다면 언제 어디서든 운영할 수 있는 것이 블로그이기 때문. 유튜브와 인스타그램처럼 진입장벽도 높지 않아 누구든 쉽게 시작할 수 있다. 하지만 시작하는 사람이 많은 만큼 중간에 포기하는 사람 역시 많은 것이 블로그다. 기왕에 블로그를 운영하기로 마음먹었다면 이 책을 통해 올바른 노하우와 팁을 알고 더 나아가 수익을 창출할 수 있는 블로그로 키워보면 어떨까.

이 책은 내가 블로그를 13년째 운영하고 공부하면서 알게 된 핵심노하우들만 집중적으로 담아낸 책으로 본 책에 나온 운영 노하우대로 성실히 블로그를 운영한다면 당신 역시 나처럼 월급 외 쏠쏠한 수익을 얻을 수 있을 것이라 확신한다. 이 책이 당신의 평범한 블로그가 수익화 블로그로 성장해 나가는데 시간을 단축시켜주는 책이길 바란다.

그럼 지금 바로 블로그를 시작하고, 다양한 혜택들을 누려보자.

블로그
지금 당장 시작하라

블로그와의 첫만남

블로그를 운영한지 어언 13년이 되어간다. 이 시점에서 블로그를 어떻게 처음 시작하게 되었는지를 생각해보면 대학교 시절 피부 콤플렉스로 인해 대인기피증을 겪었었고 조금이나마 극복하기 위해 화장품에 관심을 가지기 시작하면서부터 인 것 같다. 그 당시 피부 콤플렉스로 자신감이 없던 하루하루를 보내던 중 화장품에 눈을 뜨게 되었고 뷰티 관련 블로그 운영을 시작하게 된 것이 지금에까지 이어지게 된 것이다. 블로그를 운영하면서 다양한 기회-네이버 인플루언서 선정, 네이버 뷰스타 선정, 각종 원고료 수익과 협찬, 체험단 선정, 대외활동 지원 시 합격률 상승/추가 베네핏-도 함께 마주할 수 있었다.

원래는 선생님이 되고 싶다는 꿈이 있었기에 한문교육과에 입학했지만 막상 들어가서 공부해보니 적성과 잘 맞지 않음을 느끼게 되었고, 군생활을 하면서 전공에 대해 고민하던 중 화장품 관련학과로 옮기는 것이 좋겠다 란 생각으로 다니던 학교를 자퇴하고 화장품약리학과 전공으로 4년을 다시 대학 생활을 하게 되었다. 어떻게 보면 그 때부터 지금까지 화장품, 뷰티와 뗄레야 뗄 수 없는 삶을 살고 있고 그 길 안에는 늘 블로그가 함께 했다.

단순히 화장품에 관심을 가지고 화장품이 좋아서 아무것도 모르고 시작한 블로그가 13년째 나와 함께 하리라고는 생각조차 하지 못했다. 아무것도 모르고 시작한 블로그였고 하다 보니 너무 재밌어서 꾸준히 운영한 것뿐인데 생각지도 못한 수익까지 안겨주면서 블로그를 더욱 즐길 수 있게 된 것 같다. 결과나 보상을 바라지 않고 꾸준히 무언가를 했는데 큰 결과까지 가져다

준다면 이보다 좋은 것도 없을 것이다. 그저 블로그가 솔직한 매체라는 생각이 들었다. 내가 열심히 노력한만큼 그 대가로 보상까지 주니 말이다. 물론 단순히 오래 운영만 한다고 해서 수익화 블로그가 될 수 있는 것은 아니다. 올바른 방법으로 꾸준히 운영하는 것이 중요하다.

13년 전 처음 블로그를 운영하면서 찍은 사진과 작성한 글들을 보면 왜 이렇게 운영했나 싶은 생각이 들 정도로 손 발이 오그라든다. 지금이야 블로그를 꽤 오랜 시간 운영하면서 벤치마킹도 하고 나름 공부도 하면서 글 쓰는 스타일이라든지 사진 찍는 스타일을 바꿨기에 망정이지 그 때만 생각하면 지금도 아주 소름이 돋는다.

지금은 하나의 취미가 되어 힘들고 피곤하더라도 하루에 1건 이상 꾸준히 포스팅을 하고 있고, 예전만큼 수익이 나오는 건 아니지만 그래도 부업거리로 쏠쏠하게 원고료와 협찬을 받고 있으니 이 정도면 너무 행복하다.

덕분에 나는 뷰티 관련 일을 하고, 뷰티 관련 블로그를 운영하면서 뷰티 관련 도서까지 출판한 사람이 되었고, '코덕남(화장품 덕질하는 남자)'이라는 닉네임(애칭)으로 계속해서 브랜딩을 해나가고 있다.

앞으로도 내가 살아 숨쉬고 있는 한 많은 사람들이 궁금해할 만한 뷰티 관련 제품들을 블로그를 통해 꾸준히 리뷰하고 도움이 될 수 있는 뷰티 컨텐츠를 지속적으로 발행할 계획이다.

블로그 운영의 이점

사실 13년째 블로그를 운영하면서 내가 얻게 된 것들은 무수히 많다. 그 중에서도 몇 가지만을 대표적으로 소개하려고 하니 아직도 블로그를 왜 해야 하는지 고민하고 있는 사람 혹은 블로그를 운영할 계획이 있는 이들에게 하나의 동기와 계기가 되길 바란다.

블로그로 대인기피증을 극복해내다

나는 대학교 시절 대인기피증을 겪었었다. 사실 중고등학교 때는 다 같은 교복을 입고 머리 스타일도 비슷비슷해 잘 몰랐지만 대학교 입학 후 옷도 잘입고 스타일도 좋은 동기들 혹은 학생들을 보니 괜히 위축이 되더라. 그 당시 나는 피부관리에 관심이 없었기에 피부에 여드름이 굉장히 많은 상태였고 꾸미는 것에도 전혀 관심이 없어 꾸미질 못했기에 없던 자신감은 더더욱 떨어져만 갔다. 밖에 나가면 고개를 숙이고 다닐 정도였고, 새로운 사람 만나는 것이 그렇게 어려웠다. 그저 학교에서 수업을 듣고 기숙사에만 짱 박혀 있는 것이 편할 정도였으니 말이다.

그 당시에 블로그는 이미 꾸준히 운영하고 있는 상태였고 인터넷에서 우연히 피부 시술 체험단을 모집한다는 공고를 보고 체험단 신청을 하게 된다. 나의 간절함이 닿았던 것일까. 1등으로 선발이 되어 피부 전액 무료 시술을 받을 수 있었고 그 당시 학교가 대구에 위치해 있었는데 대구와 서울을 왕복하며 청담동 피부과에서 피부 시술을 꾸준히 받으며 좋아지는 피부를 몸소 느낄 수 있었다.

사실 내가 블로그 없이 피부 시술 체험단에 응모했다면 100% 떨어졌을 것이다. 왜냐하면 병원도 자신의 병원을 홍보할 수 있는 매체를 가진 지원자를 선호했을테니. 블로그를 운영하지 않았더라면 체험단으로 선정이 되지 못해 내 피부를 개선할 수 없었을 것이고 나는 여전히 대인기피증에서 벗어나지 못했을 거라 생각한다.

 그 이후 꾸준한 피부 시술을 통해 피부가 좋아질 수 있었고 화장품을 전공하고 뷰티 블로그를 운영하면서 피부관리 또한 더욱 열심히 할 수 있었다. 이를 계기로 대인기피증에서 벗어날 수 있었고, 성격까지 밝게 변해 돌이켜 생각해보면 블로그를 통해 인생의 변환점까지 맞이하게 되었다 해도 과언이 아니다.

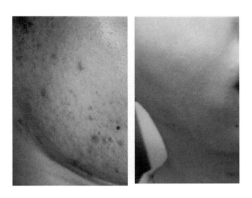

〈이미지〉 피부 시술 전, 후 비교 사진

블로그로 특별한 경험을 하다

내가 무언가를 잘한다 하더라도 그것을 적극적으로 어필하거나 노출하지 않으면 나란 존재는 묻히게 될 것이다. 요즘은 자기 PR 시대 아닌가. SNS도 잘 발달했고 자기 자신을 SNS로 노출하는 사람들 역시 많아지고 있다. 요즘은 연예인이 아니더라도 유튜브를 통해 유명인보다 더 유명세를 떨치는 유튜버들이 많은 것을 보면 SNS라는 채널에 자기 자신을 계속해서 드러내고 어필하는 것이 정말 중요하다는 생각이 든다. 내가 블로그를 운영하면서 계속해서 나를 브랜딩 하려는 이유도 이와 같다.

메인 카테고리를 뷰티 쪽으로 잡고 꾸준히 블로그를 운영하면서 방송국이라든지 신문사로부터 섭외 쪽지들이 많이 왔었다. 그 당시 남자 뷰티 블로거는 손에 꼽을 정도로 매우 드물었고, 그 희소성 때문인지 더더욱 많은 연락이 왔었다. 그 덕에 생전에 해볼까 말까 한 방송 출연도 할 수 있게 되었고 대학교 뉴스레터라든지 화장품 브랜드 카탈로그에 인터뷰가 실리는 등의 특별한 경험도 할 수 있었다. 지금도 방송의 굴욕적인 장면들이 유튜브에 떠돌아다니기는 하지만 너무 좋은 경험과 추억으로 남아 있다.

물론 그 때와 지금을 비교하면 수많은 블로거들이 다양한 분야에서 활동하고 있지만 그 와중에 자신만의 블로그를 개설해 본인이 자신 있어 하고 잘할 수 있는 전문 분야에 대해 지속적으로 활동한다면 위의 경험이 아니더라도 언제든 즐겁고 특별한 경험을 할 수 있는 많은 기회들이 주어질 것이라 생각한다.

블로그로 협찬, 수익 기회까지 누리다

많은 사람들이 블로그를 하려는 이유 중 하나도 바로 협찬, 수익화를 통한 부가수익 창출이 아닐까 싶다. 나는 처음 블로그를 시작할 때 이러한 혜택을 고려하지 않고 재미로 시작한 것이 전부였는데 몇 년 이상 운영하고 나니 많은 협찬과 원고료 수익들이 발생하면서 더욱 재밌게 운영할 수 있었다. 이것이 동기부여가 되는 가장 좋은 보상이 아닐까 생각한다. 일일이 계산해보지는 않았지만 가장 많은 수익을 벌었을 당시 월에 몇 천만원 정도 벌어봤고, 현재도 정기적으로 평균 약 300~500만원 이상의 수익이 발생하는 편이다(해당 수익은 원고료 뿐 아니라 현물 협찬의 가격을 더한 부분이니 참고하기 바란다). 생각해보면 13년째 블로그를 운영하면서 몇 억 이상의 협찬품과 원고료를 받은 것 같다. 지금도 집에는 다양한 제품들이 가득 쌓여 있고 하루에도 몇 십 개씩 택배가 문 앞에 놓여있다. 여행을 가서 며칠 이상 집을 비우는 날이면 그 많은 택배들을 하나하나 옮겨 놓는 것이 힘들 정도로 말이다. 때문에 나는 물건을 사는데 거의 내 돈을 쓰지 않는 편이다. 여러 브랜드에서 좋아하는 화장품은 물론 기타 용품들을 협찬해 줘 블로그 포스팅 진행 후 오히려 지인들에게 선물로 제품을 나눠주는 때가 더 많다.

직장을 다니다가 퇴사를 했을 때도 블로그는 나의 든든한 버팀목이 되어준다. 월세 이상의 수익을 벌게 해주고, 그 외 두피체험, 피부체험, 음식체험 등 다양한 체험의 기회를 주기 때문에 백수가 됨에도 심심할 틈이 전혀 없다. 뷰티 관련 블로그를 운영하고 있지만 서브로 도서, 기타 전자제품, 옷, 가방 등도 함께 서브 주제로 운영하면서 뷰티 외 다양한 협찬이 계속해서 들어오는 편이다.

아울러 잘 운영해 놓은 블로그는 추후 대외활동 지원 시 합격률도 높여주고 대외활동에서 우수한 성과를 거두게 되면 상금이라든지 상품 또한 쏠쏠하게 받을 수 있으니 지금이라도 블로그를 시작하는 것을 추천한다. 최근엔 그램 노트북이라든지, 기프

티콘, 올리브영 상품권 30만원 등등 너무 많아 세기도 힘들 정도로 다양한 혜택들을 받았고 지금도 각종 대외활동을 꾸준히 진행하면서 쏠쏠한 혜택을 지속적으로 받아보고 있다.

물론 블로그를 시작한다고 해서 이런 수익과 협찬이 바로 들어오는 것은 아니다. 꾸준히 전략적으로 운영했을 때 주어지는 기회이기 때문에 일단 블로그를 개설해 제대로 된 방법으로 재밌게 그리고 꾸준히 운영해보면 어떨까. 취미로 즐겁게 운영한 블로그가 각종 협찬과 원고료까지 쥐어 준다면 그보다 행복한 일도 없을 것이다.

〈이미지〉 최근 대외활동 최우수 후기자로 선정되어 경품으로 받은 그램 노트북

블로그로 글쓰기가 수월해지다

나는 매일 블로그 1일 1포스팅을 진행하고 있는 편이다. 많게는 하루에 5개의 포스팅도 진행하는데 이는 협찬이 하루에도 많

이 들어오기도 하지만 블로그를 하는 것이 하나의 습관이 되었기 때문이다. 대부분 하루에 5개 이상 포스팅을 하면 주변에서 미친거 아니냐고 이야기를 많이 하는데 처음에만 블로그 글 쓰는 시간이 오래 걸리고 힘들 뿐이지 오래 운영하다 보면 포스팅 1개를 15분~20분 정도로 빠르게 작성할 수 있는 나만의 노하우가 생긴다. 이처럼 처음에는 글 하나 작성하는 것이 버겁게 느껴질 수도 있겠지만 블로그를 꾸준히 매일같이 운영하다 보면 이후 하나의 포스팅을 술술 써 내려가는 나 자신을 발견할 수 있을 것이다. 생각해보면 블로그로 인한 글쓰기 연습을 꼬박꼬박 하지 않았더라면 과연 내가 연달아 세 권의 책을 낼 수 있었을까. 그러니 글쓰기가 두렵고 어려운 사람일수록 블로그 포스팅을 꾸준히 하면서 나만의 글쓰기 실력도 함께 높여 나가보면 어떨까.

블로그는 나의 성실함을 대변하는
하나의 포트폴리오

나는 화장품 뷰티 블로그를 운영하면서 화장품 마케터로 8년 이상 일해왔다. 화장품 회사에 지원할 때도 포트폴리오에 뷰티 블로그를 꾸준히 운영하는 것 역시 함께 어필하고 있으며 서류

합격 후 면접을 볼 때도 면접관 분들이 블로그에 관해 많이들 물어보곤 하신다. 블로그를 꾸준히 운영했다는 건 개인의 성실함을 어필할 수 있는 하나의 포트폴리오가 될 수 있으며 블로그 운영 분야(화장품, 패션, 도서 등)의 직업을 갖고자 채용 지원을 했을 때에도 플러스 가산점이 될 수 있다. 그러니 관심있고 잘할 수 있는 분야가 있다면 그 소재로 꾸준히 블로그를 운영해 나를 대변하는 하나의 포트폴리오를 꾸준히 관리해보면 어떨까.

위에 언급한 것들은 블로그 운영 시 일부 이점들만 소개한 것이다. 이 외 블로그를 꾸준히 운영함에 있어 따라오는 기회들과 이점들은 너무나도 많다. 귀찮아서, 끝까지 할 수 있을까 라며 시작도 전에 망설이고 고민하고 있지만 말고 지금 당장 블로그를 개설해 시작해보면 어떨까. 생각하면 할수록 더욱 시작하기 어렵고 힘든 것이 블로그이기 때문이다. 일단 내 관심분야, 전문분야를 가볍게 포스팅한다고 생각하고 하루에 한 개라도 꾸준히 글을 써보자. 블로그가 활성화되고 지수가 올라가기 위해서는 꾸준함과 블로그 운영 전략이 중요한데 이와 관련된 자세한 내용은 다음 챕터에서 차근차근 설명할 예정이니 참고해보자.

블로그 왜 해야 할까?

주변 지인들에게도 블로그는 꼭 하라고 이야기를 하는 편이다. 하지만 아무리 블로그 이점을 귀에 못이 박히게 이야기해줘도 꾸준히 글을 쓰는 것은 내가 할 수 없는 일이고 귀찮은 일이라며 하지 않으려는 지인들이 많다. 하지만 생각해보면 이보다 많은 장점을 가지고 있는 좋은 부업거리도 없다. 블로그를 운영할 때 드는 초기 자본은 없다. 그저 네이버에서 블로그를 개설하고 자신의 전문 분야를 정한 다음 블로그 운영 전략대로 꾸준히만 운영하면 된다. 그 이후에 블로그가 활성화되면 협찬과 수익은 자연스럽게 물밀듯 들어온다. 꾸준함의 대가라고 보면 된다.

 하지만 블로그를 시작했다가 수익이 안된다는 이유로 중간에 그냥 포기해버리는 경우가 생각보다 많다. 사실 직장을 다니면서 받는 월급 외 자신의 노력으로 천원이라도 벌어본 사람은 그 노력의 대가를 안다. 오히려 10만원을 쓰는 소비의 즐거움보다는 내 손으로 1만원을 벌어 보는 것이 더 행복한 경험이 될 수 있다. 무엇이든 짧은 시간 내 쉽게 돈을 벌 수 있다면 그것을 안 할 사람이 누가 있겠는가.

 오히려 요즘 유튜브가 대세라며 주변에서 유튜브를 많이 하려 하는데 인스타그램이든 유튜브든 모두가 그런 건 아니지만 외모나 몸매가 뛰어나거나 기발한 컨텐츠를 만들어야 하는 등 제약적인 요소가 뒤 따라온다. 블로그와 달리 유튜브는 한 편만 촬영하더라도 컨텐츠 기획, 영상 편집 등에 수많은 시간이 들어가며 그만큼 많은 노력과 자원이 투입되어야 한다. 그렇다고 해서 마냥 블로그가 쉽다는 건 아니지만 단순 핸드폰 카메라와 컴퓨터만 있다면 언제 어디서든 그리고 누구든지 운영할 수 있어 진입장벽이 훨씬 낮다고는 말할 수 있다. 드는 비용도 없으니 손

해볼 것 역시 없다.

 그리고 요즘 계속해서 오르는 물가로 인해 직장인 월급만으로 사는 것이 힘들다는 생각에 부업을 하려는 사람들이 늘어나는 추세다. 이 때문에 나 역시 직장을 다니면서 언제든 소소하게 돈을 벌 수 있는 부업거리 하나쯤은 있어야 한다고 생각한다. 그래서 내가 지금이라도 늦지 않았으니 블로그를 시작하라고 거듭 이야기하고 있는 것이다. 블로그만한 부업거리가 없기 때문.

 네이버에서는 한 개의 아이디당 최대 3개까지 블로그를 개설할 수 있다. 나는 현재 3개의 블로그를 모두 개설해 운영 중에 있다. 책 홍보 블로그, 내돈내산(내 돈을 주고 내가 구매한) 블로그, 13년째 운영하고 있는 뷰티 블로그까지. 물론 처음부터 쉬운 건 없고 바로 돈이 되지는 않겠지만 재미로 즐기다 보면 언젠간 성과로 돌아오게 마련이다.

 그러니 너무 늦었다고 생각하지 말고 오늘부터 차근차근 블로그를 시작해보면 어떨까. 생각만으로 끝난다면 정말 아무것도 아닌 것이 된다. 생각보다는 실행을 먼저 해보자.

블로그 지금 시작하기엔
너무 후발주자 아닌가요?

또 이런 생각을 하는 사람이 있을 것 같다. 블로그 시작하기엔 너무 늦지 않았을까. 너무 후발주자는 아닐까. 블로그는 네이버가 망하지 않는 한 사라지지 않을 것이고, 로직은 계속해서 변화하고 있지만 틀 안에서만 개선이 될 것이라 생각한다. 즉, 블로그 기본적인 운영 노하우만 익혀도 언제든 수익화 블로그 가능성이 있다는 것.

블로그에서 유튜브로 넘어가는 사람이 많다고들 말하는데 이는 네이버 블로그를 운영하면서 수익이 나지 않아 그것을 접고 넘어 가는 사람이 많다는 것이고 블로그로 계속해서 수익을 창출하고 있는 사람들은 블로그를 하나의 수입원으로 꾸준히 운영하고 있다. 즉, 블로그로 수익이 나는 사람은 블로그를 계속 운영하면서 그 외 다른 채널 인스타그램, 유튜브 등을 부가적으로 동시에 운영한다.

그리고 유튜브는 영상으로 보여주는 매체, 블로그는 글과 사진으로 보여주는 매체라 보통 맛집이라든지 화장품 검색할 때는 빠르고 다양하게 검색할 수 있는 네이버 블로그 검색을 주로 이용할 것이다. 아울러 투자 비용 대비 노출이 좋은 블로그란 매체를 앞으로도 업체는 기본적인 마케팅 수단으로 가지고 갈 것은 분명하다.

현재 개설된 네이버 블로그 수가 약 5천만개 이상에 달한다고 한다. 그렇다 한들 실질적으로 운영되고 있는 블로그 수는 한정적일 것이다. 이는 앞서 이야기했듯 블로그를 운영하다가 중간에 포기하는 사람들이 많거나 다른 매체로 넘어가고 있다는 뜻.

난 이것도 하나의 기회라고 생각한다. 늦었다고 생각하지 말고 올바른 전략을 가지고 꾸준히만 운영한다면 반드시 좋은 성과로 즐겁게 블로그를 운영할 수 있을 것이다.

참고로 나는 13년째 오래도록 블로그를 운영하면서 기본적인 노하우를 잘 알고 있고 그 노하우를 토대로 두 번째 블로그도 운영하고 있는데 그 블로그 각각 조회수가 몇 만 단위 이상으로 나오는 경우가 많다. 이는 블로그의 기본 운영 노하우만 알아도 언제든 블로그를 새로 개설하더라도 아무것도 모르고 시작하는 사람보다 빠르게 블로그를 성장시킬 수 있다 라는 말과도 같다. 단, 꾸준함과 계속해서 블로그를 공부하고 연구하는 노력은 동반되어야 한다. 세상에 공짜로 얻을 수 있는 것은 없기 때문.

그러니 자본금 없이 핸드폰 카메라 그리고 컴퓨터만 있으면 언제 어디서든 글을 발행할 수 있는 블로그 채널, 후발주자라고 생각하지 말고 지금 바로 시작해보자.

준비되었나요?

지금 바로 블로그를 개설해봅시다

블로그의 이점, 그리고 블로그를 왜 해야만 하는지, 지금 해도 늦지는 않았는지에 대해서 이야기해 보았다. 이 부분만 읽어봤을 때 블로그 한 번 해봐야겠다 라는 생각이 들지 않는가? 이젠 더 이상 생각으로만 끝내지 말자. 직접 운영해보고 경험해보자. 그러기 위해서는 먼저 네이버 블로그 개설이 필요하다. 앞서 말했듯 네이버는 한 개의 아이디당 최대 3개까지 네이버 블로그를 개설할 수 있다. 블로그 만드는 방법도 꽤나 간단하다. 모바일보다는 PC를 활용해 블로그를 만들고 꾸미는 것을 추천하며 일단 네이버 회원 가입 후 [내 블로그] 클릭, 프로필 아래쪽의 [관리]를 눌러 우측 상단 [블로그 쉽게 만들기] 버튼을 클릭해 개설하면 된다.

이 때 블로그명과 나의 별명, 그리고 소개글은 내 메인 주제에 대한 전문성이 들어간 소개글이면 더욱 좋다. 프로필 이미지의 경우 본인의 얼굴 사진을 업로드해야 신뢰도를 올릴 수 있으므로 얼굴 사진 업로드를 권장하지만 이것이 부담스럽다면 본인의 캐리커처라든지 다른 사진으로 대체해도 무관하다. 단, 프로필 사진은 정사각형 이미지로 준비해 업로드 하는 것을 권장한다.

참고로 나의 닉네임은 코덕남(화장품 덕질하는 남자)이며, 소개글은 메인 주제인 화장품/뷰티의 전문가라는 느낌을 줄 수 있도록 설정했다.

소개글 /
13년차 남성 뷰티블로거 코덕남, 뷰티 인플루언서&뷰스타
뷰티 및 각종 제품 리뷰

저서 〈남자 그루밍 잘은 모르겠지만 잘생겨지고는 싶어,2022〉

참고하여 여러분들만의 매력적인 소개글, 별명 등을 만들어 블로그를 개설해보자.

블로그 주제 정하기

　블로그 개설을 끝마쳤다면 이제 나만의 블로그의 메인 주제를 정해야 할 차례. 블로그 주제를 정할 때는 내가 가장 관심있고 흥미를 느끼는 주제를 메인으로 설정하면 된다. 네이버에는 파워블로거 제도가 사라지고 네이버 인플루언서 제도가 새롭게 도입되었다. 네이버 인플루언서는 한 분야의 주제를 꾸준히 지켜나가면서 포스팅 하는 블로거에게 기회를 주는 플랫폼이므로 기왕에 블로그를 운영할 것이라면 메인 주제/분야의 네이버 인플루언서가 되겠다는 목표를 잡고 블로그를 운영해보도록 하자.

블로그 분야는 크게 여행, 스타일, 푸드, 테크, 라이프, 게임, 동물/펫, 스포츠, 엔터테인먼트, 컬쳐, 경제 비즈니스 등등 굉장히 다양하다. 나는 이 중 뷰티를 메인 주제로 블로그 포스팅을 꾸준히 진행하고 있으며 동시에 네이버 인플루언서로 선정되어 활동 중이다. 블로그를 시작할 당시부터 지금까지 13년째 뷰티를 메인 주제로 블로그를 운영해왔기에 이룰 수 있었던 성과가 아니었다 싶다.

하지만 그렇다고 해서 꼭 하나의 주제로만 블로그를 운영할 필요는 없다. 비율로 보면 메인 주제 50%, 너무 주제를 벗어나지 않는 선에서 서브 주제 50% 정도의 비율로 블로그를 운영하면 된다. 나를 예로 들면 뷰티 분야 포스팅이 5라면 기타 분야- 옷, 도서, 건강식품 등-을 서브 주제로 5의 비율로 포스팅하고 있다.

처음 블로그를 운영한답시고 자신의 일상 글을 올리는 사람이 있는데 이렇게 하면 블로그가 절대적으로 성장할 수 없다. 네이버가 말한 이야기 중 하나도 일상글 수십 개를 업로드하는 것보다 자신의 전문성을 담은 정확한 주제를 가진 하나의 포스팅이 오히려 내 블로그가 성장하는데 더욱 도움이 된다 라고 한 것을 보면 내 전문 분야를 메인으로 꾸준히 블로그를 운영할 필요가 있다. 블로그를 운영하기 이전에 내가 가장 자신 있으면서 꾸준하게 포스팅 할 수 있는 메인 분야, 전문 분야를 먼저 정하고 그 이후 메인 타이틀을 중심으로 포스팅 하되 서브 타이틀로도 꾸준히 포스팅을 하면서 블로그를 운영할 수 있는 기반을 다져보면 어떨까.

메인 주제를 정할 때는 반드시 내가 블로그를 꾸준히 운영할 수 있는 주제로 설정하는 것이 중요하므로 블로그를 개설하고 난 이후 메인 주제를 신중하게 생각해보도록 하자. 메인 주제를 정했다면 서브 주제도 함께 정해보자.

블로그 카테고리/
레이아웃 설정하기

블로그를 만들고 여러가지 글들을 포스팅 했다고 가정해보자. 사실 블로그를 하는 이유는 어느 정도 부업으로서 생활에 도움이 되기 위한 목적이 크기 때문에 협찬 혹은 체험단 담당자가 내 블로그를 봤을 때 어떤 주제로 운영하는 블로그인지를 한 눈에 보여주는 것이 중요하다. 이것은 카테고리/레이아웃 설정에서부터 시작할 수 있다.

[블로그 관리]탭으로 들어가 [메뉴 글 동영상 관리]의 [메뉴관리

-블로그] 탭을 클릭해 주제에 맞게 게시판을 정비하자. 메인 주제 아래 세부 카테고리를 추가해 전문성을 드러내는 것이 좋다. Ex. 메인 카테고리 : Beauty / 서브 카테고리 : 클렌징, 바디, 마스크팩, 헤어 등

┌ ■ 가꾸는남자　　　　▲
├─ ■ Cleansing
├─ ■ Skin/Lotion
├─ ■ Make-up
├─ ■ Body+Pack
├─ ■ Etc
└─ ■ 미용/피부시술

〈이미지〉 위 이미지처럼 내 메인 주제의 핵심 타이틀, 서브 타이틀 게시판을 미리 만들어 두자

위의 이미지처럼 내가 전문적으로 하려고 하는 메인 분야의 메인 카테고리 아래 세부 카테고리들을 만들어 카테고리에 맞게 포스팅을 계속해서 쌓아 두자. 메인 분야 외 서브 분야도 마찬가지로 주제에 맞는 게시판을 만들어서 운영해보자.

그 이후 [메뉴 관리-상단메뉴 설정]에 들어가 [프롤로그 사용]

클릭, 대표메뉴로 설정해 글 강조가 아닌 이미지 강조로 누군가 내 블로그를 들어왔을 때 모든 글을 이미지로 한 눈에 보여줄 수 있도록 설정하자.

상단메뉴 설정

내 블로그 상단메뉴를 구성할 수 있으며, 최대 5개의 메뉴와 카테고리의 배치가 가능합니다.
프롤로그, 블로그, [선택한 카테고리], 지도, 서재, 메모, 태그 순으로 배치됩니다.

메뉴사용 관리

메뉴명	사용	대표메뉴	설명	관리
프롤로그	☑	●	원하는 글 목록으로 꾸밀 수 있는 대문입니다.	프롤로그 관리 ›
블로그	필수	○	기록하고 공유하는 기본메뉴입니다.	카테고리 관리 ›
지도	☑	○	위치정보가 첨부된 글을 지도 위에 보여줍니다.	
서재	☐	○	글감이 첨부된 글을 서재안에 보여줍니다.	
메모	☑	○	자료보관 및 함께 글쓰기 가능한 게시판입니다.	메모게시판 관리 ›
태그	☐		글을 쓰면서 작성한 태그만 모아 볼 수 있습니다.	태그 관리 ›

상단 메뉴 지정
· 블로그 카테고리를 상단 메뉴에 배치하여 방문자들이 더 쉽게 찾아볼 수 있도록 합니다.
· 블로그 카테고리는 합쳐서 최대 4개까지 선택할 수 있습니다.

프롤로그

사용설정	사용 중
	사용상태는 메뉴사용에서 변경할 수 있습니다. 상단메뉴 설정 ›

보기 설정

형태	목록	사용설정	카테고리/메뉴선택		노출수	노출순서
글 강조	1 메인목록	필수	가꾸는남자 변경		3줄 ∨	위치고정
	2 이미지목록	☐	롯입는남자 변경		1줄 ∨	∧ ∨
	3 글목록	☐	즐기는남자 변경		1줄 ∨	∧ ∨
	4 글목록	☐	메모게시판		3줄 ∨	∧ ∨
	이미지 목록에는 동영상/이미지가 첨부된 글만 보이게 됩니다.					
이미지 강조	1 메인 이미지목록	필수	가꾸는남자 변경		3줄 ∨	위치고정
	2 글목록	☑	롯입는남자 변경		6줄 ∨	∧ ∨
	3 글목록	☑	즐기는남자 변경		3줄 ∨	∧ ∨
	4 글목록	☐	메모게시판		3줄 ∨	∧ ∨
	이미지 목록에는 동영상/이미지가 첨부된 글만 보이게 됩니다.					
○ 프로필 걸기	프로필 걸기를 선택하면, 가장 최근 프로필이 프롤로그 영역에 보이게 됩니다.					

확인

〈이미지〉 프롤로그도 글 강조가 아닌 이미지 강조로 선택할 경우 누군가 내 블로그를 들어왔을 때 모든 글을 이미지로 한 눈에 보여줄 수 있다

프롤로그는 이미지 강조형으로 선택 후 1 번 메인 이미지목록은 가급적 자신의 메인 분야의 대제목으로 설정해주고 우측의 스크롤바는 3 줄이 최대이므로 3 줄로 선택해준다. 그 아래 2~3번글 목록의 경우에도 강조하고자 하는 자신의 메인 or 서브 분야로 대제목을 설정해주면 되고 우측의 줄 수도 3 줄 이상으로

선택해준다. 4 번까지 글 목록을 지정해 줄 필요는 없고 4 번의
경우 메모게시판 체크를 해제하는 것이 좋다.

아래 좌측 이미지는 이미지 강조형으로 설정을 했을 경우 나타
나는 프롤로그 형태, 우측 이미지는 글 강조형으로 설정했을 경
우 나타나는 프롤로그 형태를 각각 나열한 것이다. 좌측, 우측
어떤 이미지가 한 눈에 쏙 들어오는가? 당연히 이미지 기반의
좌측 이미지일 것이다.

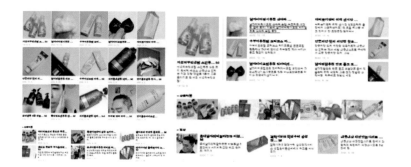

〈이미지〉 좌측, 이미지 강조형으로 설정했을 시 나타나는 프롤로그 화면 / 우측,
글 강조형으로 설정했을 시 나타나는 프롤로그 화면

이 외 내 메인 분야의 전문성을 보여줄 수 있는 블로그 타이틀 스킨도 직접 제작해 적용하면 베스트이므로 포토샵으로 디자인을 할 줄 모르더라도 미리캔버스 툴을 활용해 나만의 블로그 타이틀을 제작해보면 어떨까.

네이버 검색창에 '미리캔버스'를 치거나 아래 링크 주소를 직접 입력해 이용해보자.

미리캔버스

https://www.miricanvas.com

블로그
운영 노하우

나의 블로그 운영 목적을
먼저 생각할 것

무엇을 하든 그에 따른 목표를 먼저 정하고 난 다음 시작하라고 이야기한다. 블로그도 마찬가지다. 나는 처음에 블로그를 시작할 때 수익만을 보고 시작한 것은 아니었다. 단순히 화장품이 좋아서 뷰티 쪽으로 나만의 컨텐츠를 발행해보고 싶어 아무것도 모른 채 시작하게 된 것이다.

블로그 운영목적이 대부분 부가적인 수입 창출이겠지만 이렇게 수입만을 목표로 블로그를 운영한다면 빠른 시일 내 수익이 나지 않을 경우 블로그를 오랫동안 운영할 수 있는 원동력이 되어

주지 못할 뿐 아니라 블로그 운영 또한 지치게 마련이다. 수익도 수익이지만 내가 잘 아는 전문분야의 정보를 다른 사람으로 하여금 쉽게 이해할 수 있도록 전달해 준다는 생각으로 재미있게 운영해보는 것은 어떨까. 제대로 된 전략과 꾸준함으로 블로그를 운영하다 보면 수익은 뒤따라오기 마련이니 너무 조급한 마음으로 블로그를 운영하지는 말자. 블로그는 꾸준히 그리고 전략적으로 운영해 블로그 지수가 높아져야지 어느 정도 상위노출이 가능하다. 그래서 처음 블로그를 시작할 때는 노출이 잘 안될 수 있다. 지극히 당연하다. 그래서 갓 블로그를 만들었다면 내 메인 분야를 주제로 1일 1포스팅이라도 꾸준하게 하는 것이 중요하다.

블로그 운영 전략과 더불어 내 블로그 수준에 맞는 키워드를 분석해 꾸준히 해 나가다 보면 어느 새 노출이 잘 되고 방문자도 늘어나는 내 블로그를 볼 수 있을 것이다. 그러니 블로그를 시작하기 전 수익 이외에 블로그를 꾸준히 운영할 수 있는 원동력이 되어줄 나만의 운영 목적을 먼저 생각하고 블로그를 운영해보자.

블로그 로직 이해하기

블로그를 전략적으로 운영하기 이전에 블로그는 네이버 안에
속해 있는 채널이기 때문에 네이버 블로그 로직을 이해하는 것
이 선행되어야만 한다. 블로그 로직에 대해 본격적으로 이야기
하기 전, 네이버란 회사에 대해 먼저 이해해보자. 네이버는 검색
만 해봐도 포털 및 기타 인터넷 정보 서비스를 제공하는 회사라
고 설명이 나오는 것을 확인할 수 있다. 모든 회사는 이익 창출
이 우선이기 때문에 네이버 역시 사람들이 무언가를 검색했을
때 정확한 양질의 정보를 제공해야 할 필요가 있는 건 너무나도
당연하다. 이를 위해 로직, 즉 알고리즘이 필요한 것.

즉, 네이버는 어떻게 하면 좋은 양질의 글을 제공할 것인가 란 문제로 양질의 글을 상위 노출하는 결과를 만들어내야 하는데 이 과정을 알고리즘*이라고 할 수 있으며 계속해서 고도화된 알고리즘을 발전시키는 과정을 거치고 있다.

* 알고리즘 : 인공지능(AI)이 이용자의 인적 사항, 관심사, 콘텐츠 선호 성향 등 광범위한 정보를 분석해 이용자에게 적합한 콘텐츠를 제공하는 방식이나 규칙, 체계를 뜻함

네이버 알고리즘을 이해하고 그에 맞게 블로그 포스팅을 발행했을 때 상위노출이 되는 확률이 올라가게 되는 것이다. 다음을 생각해봐라. 네이버에서 무엇인가를 검색했는데 내가 원하는 정보가 아닌 스팸이라든지 광고 홍보성 글이 계속해서 나온다면 네이버에서 더는 정보 검색을 하려 하지 않을 것이다. 하지만 반대로 양질의 정보가 내게 노출될 경우 계속해서 네이버에서 정보를 찾아보려 할 것이다. 이는 네이버에 트래픽을 모이게 하고 체류시간도 길어지게 함으로서 네이버 회사 수익으로 이어질 수 있다. 그래서 로직, 알고리즘이 중요하다는 것.

이제 본격적인 블로그 알고리즘, 즉 로직에 대해 이야기해보겠다. 먼저 블로그 로직은 앞서 이야기했듯 많은 이용자들의 체류 시간을 늘리고 양질의 컨텐츠를 제공하는 과정이라고 보면 된다.

C 랭크(2016 년)

흔히 C 랭크는 전문가의 랭크라고도 말한다. C 랭크는 콘텐츠의 맥락과 생산, 출처, 신뢰도, 인기도 등을 반영하여 보다 전문적이거나 전문가의 의견이 반영된 글을 우선적으로 노출시켜준다고 보면 된다. 즉, 한 분야에서 꾸준히 전문적으로 글을 발행했을 때 점수를 더 주는 개념으로 보면 이해가 쉬울 것이다.

나를 예로 들면 나는 몇 년 동안 꾸준히 뷰티 관련 글을 발행해 C 랭크 당시 내 글의 대부분이 상위 노출되면서 많은 수익을 얻었다. 단, 무조건 오래 블로그를 운영한 것이 중요한 것이 아니라 운영연수가 길지 않아도 한 분야의 전문성 글 발행횟수가 많아야 지수 상승이 되는 개념이라고 보면 된다.

아울러 주제의 전문성도 꽤나 중요한데 운영연수가 똑같이 5

년이라고 해도 한 블로거는 뷰티 관련 글만 꾸준히 400개 발행했고, 다른 블로거는 다양한 주제로 400개 발행했다면 뷰티 관련 글만 꾸준히 발행한 전자의 블로거가 C 랭크에서 더 좋은 점수를 받게 된다.

즉, 글의 전문성과 정보력, 그리고 신뢰성과 맥락이 있는 고품질의 포스팅을 상단에 노출시켜주는 것이 C 랭크라는 것. 한편이 때 당시 블로그로 수익을 내던 대행사나 광고회사, 파워블로거들이 대량으로 저품질로 떨어지는 계기가 된 시기이기도 하다 (그들은 블로그를 오래 운영하였더라도 한 가지 주제가 아닌 다양한 주제로 광고 홍보를 진행했기 때문).

여기서 다음과 같은 의문을 품는 사람들이 있을 것 같다. 그렇다면 이제 막 블로그를 시작하는 사람에게는 희망이 없는 걸까? 전혀 아니다. 희망을 가져라. 만약 C 랭크만 적용했다면 좋은 창작자 위주로 노출이 되기 때문 새롭게 진입하고 싶은 좋은 창작자에게는 순위나 노출의 기회를 잃게 되므로 네이버에서는 로직을 추가로 반영하게 되는데 그것이 바로 아래에 소개하는 로직

다이아다.

다이아(2018 년)

다이아는 블로그 자체보다는 발행한 문서 자체의 정확도, 시의성, 인기도를 주로 평가해서 검색 순위를 결정하는 로직이다. 즉, C 랭크에서는 한 분야에 대한 전문성 그리고 경력이 중요했다면 다이아 로직에서는 경력이 아닌 실력만 높이면 충분한 기회가 올 수 있는 것으로 이해하면 된다. 이를 위해서는 매력적인 콘텐츠로 체류 시간(평균사용시간)을 늘리는 것이 중요하다.

앞서 C 랭크는 검색 결과 신뢰성이 이전보다 높아졌다는 장점이 있지만 신규 블로거들이 새롭게 진입하기 어렵다는 단점이 있었다.

이를 개선한 것이 바로 다이아 로직이고 다이아 로직에서 중요한 건 체류시간을 늘릴 수 있는 매력적인 콘텐츠를 발행하는 부분이라는 걸 이해하면 된다.

다이아플러스(2020 년)

다이아플러스는 사용자의 구체적인 질의 의도를 파악하고 가독성을 높이고 검색 사용자의 의도를 더욱 잘 분석하기 위해 문서 확장기술이 적용되었고 문서의 주제 적합도, 경험 정보, 정보의 충실성, 어뷰징 척도, 독창성, 적시성, 질의 의도와 문서의 부합성을 포함한 여러 다양한 요인들이 복합적으로 반영된 로직이라고 보면 된다.

앞서 살펴본 다이아 로직보다는 좀 더 섬세해진 로직으로 다이아가 사용자들이 키워드별 선호하는 글에 대한 점수를 랭킹에 반영했다면 이보다 더 정확하고 찐 정보를 찾아내기 위해 업그레이드된 로직인 셈.

즉, 사용자 검색 키워드는 무엇을 찾는 질의인가에 대한 분석이 이뤄져서 직접 경험한 상세한 정보가 담긴 글과 경험을 통해 알게 되고 알려줄 의견이 담긴 글에 높은 랭킹을 부여하게 되는 로직이다.

에어서치는 검색 사용자 개개인의 취향과 의도에 맞는 결과들을 취합해 스마트블록에 노출되는 것을 말한다. 기존의 네이버 검색 결과는 여러 섹션의 결과를 모아 나열해주는 통합 검색 방식이었지만 이제는 AI 가 이용자의 활동 이력을 바탕으로 관심사를 파악한 후 그 취향에 맞는 맞춤형 콘텐츠를 제공하는 방식으로 바뀌게 되는데 이로 인해 인플루언서와 키워드 분석, 신뢰성 있는 문서가 더욱 중요해졌다고 할 수 있다.

살짝 복잡해 보일 수도 있지만 복잡하게 생각할 필요는 없다. 위 내용을 한 번에 정리해보면 C 랭크나 다이아, 다이아플러스 로직이 글을 작성하는 블로거의 입장에서 작동하는 알고리즘이라면 에어서치는 검색하는 유저, 즉 사용자의 입장에서 좀 더 편리하게 작동하는 알고리즘이라고 보면 된다.

여기까지 네이버 블로그 로직에 대해서 이야기해 봤는데 앞으로도 블로그 로직은 계속해서 변화할 것이다. 하지만 한가지 기억해야 할 것은 앞서 네이버 회사 본질에 대해 설명하면서 이미

이야기했듯 모든 포스팅을 작성할 때는 내 입장에서 글을 쓰는 것이 아니라 사용자, 즉 글을 보는 유저가 어떤 콘텐츠를 원하는지, 좀 더 내 글에 오랫동안 머무르게 하기 위해서는 어떻게 해야 하는지 등 유저의 입장을 고려한 포스팅을 해야 한다는 점이다.

즉, 내가 네이버로 무언가를 검색했을 때 어떤 글을 주로 보고 어떤 글에 오래 남아있었는지를 떠올려보면 이 내용이 쉽게 이해가 갈 것이다.

위의 로직에 대해 완벽하게 이해하지 못하더라도 이 모든 로직을 바탕으로 정리해서 요약하면 다음과 같다. 이 부분은 포스팅을 할 때마다 늘 염두에 둔다면 더욱 효율적으로 블로그를 운영할 수 있을 것이다.

1. 한 가지 주제로 전문성 있게 글을 쓰는 것이 좋음
2. 블로그 체류시간(평균 이용 시간, 한 포스팅을 얼마나 오래 체류하면서 읽는가)이 길어야 함

3. 제목과 본문의 내용이 일치하도록 포스팅 작성

4. 가독성이 좋아야 함

* 내 입장이 아닌 읽는 사람, 즉, 유저의 입장을 고려하여 포스팅 할 것

위에서 살펴본 로직 내용을 토대로 정리해보면 내 블로그에 들어온 사람이 오래도록 내 글을 봐야 블로그 지수 상승에 좋다고 정리해 볼 수 있다. 이것을 체류시간이라고 한다.

즉, 유저가 블로그를 금방 이탈하게 될 경우 블로그 내용이 좋지 않다고 판단하여 블로그 지수가 낮아질 수 있기 때문에 주의해야 한다. 블로그 체류시간을 늘리기 위해 중요한 것은 가독성 있는 글을 적는 것이라고 할 수 있다. 여기서 가독성이란 얼마나 글이 쉽게 읽히는지를 의미한다. 생각해봐라. 여러분들이 네이버에서 궁금한 것을 검색해서 어떤 한 블로거 글을 보고 있는데 가독성이 떨어진다면 금방 이탈하지 않겠는가?

다음 내용에서는 체류시간을 늘리는 가독성 있는 글쓰기를 위한 방법을 이야기 하려고 한다. 블로그 운영 시 참고해 가독성을 높이면서 동시에 체류시간을 늘릴 수 있는 글 작성을 위해 노력해보기 바란다.

1. 문단 나누기

예시1)

우리나라 화장품 법에는 화장품 정의를 다음과 같이 규정하고 있습니다. "화장품"이란 인체를 청결 미화하여 매력을 더하고 용모를 밝게 변화시키거나 피부 모발의 건강을 유지 또는 증진하기 위하여~

예시 2)

우리나라 화장품 법에는 화장품 정의를
다음과 같이 규정하고 있습니다.

"화장품"이란 인체를 청결 미화하여 매력을 더하고

용모를 밝게 변화시키거나

피부 모발의 건강을 유지 또는 증진하기 위하여~

예시 1 과 예시 2 중 어떤 것이 더 가독성이 좋아보이는가? 예시 2 가 더 가독성이 좋다고 말할 수 있을 것이다.

책이나 블로그 포스팅 하나를 보더라도 문단 나누기가 없이 빽빽히 채워진 글은 금새 눈을 피로하게 만들 뿐 아니라 글을 보기 어렵게 만들 수 있기 때문에 문단 나누기가 블로그 포스팅을 함에 있어 중요하다. 줄 간격은 180% 이상으로 설정하고 2~3 문장 정도 이어지고 난 후에는 문단과 문단을 나눠 여백을 주자.

2. 모바일 화면 미리 보기 확인

블로그 글을 작성할 때 하단의 이미지에서 보는 것과 같이 동그라미 친 메뉴를 눌러보면 모바일로 발행되는 화면을 미리 확인할 수 있다. 모바일 뿐 아니라 태블릿 화면까지 확인할 수 있으니 이를 체크해보고 가독성이 좋은지를 체크해보자. 글을 모두 적은 후 발행하기 이전에 다시 한 번 확인해보면 좋다.

제목

본문에 #을 이용하여 태그를 시용해보세요! (회대 30개)

3. 다양한 도구 활용

위에 이미지를 보면 인용구, 구분선 메뉴를 볼 수 있다. 인용구를 적절한 곳에

글과 함께 배치하면 사람들의 주목도가 높아질 수 있다. 그렇다고 너무 남발하

진 말고 중요한 순간에 인용구, 구분선, 이모티콘을 활용해보자.

4. 글 작성 시 사진-글 순서로 작성

블로그 글을 작성할 때 글만 나열되어 있으면 지루함에 유저들이 금방 이탈할 수 있다. 글 작성 시 사진은 위쪽에 글은 밑에 쓰는 것이 흐름상 보기 좋으니 참고해서 포스팅해보자.

5. 강조하는 부분에 색 넣기

글의 흐름상 강조가 필요한 부분에 색을 설정하면 글을 읽을 때 지루함을 없애주고 핵심 내용을 빠르게 전달할 수 있으니 적재적소에 활용해보자. 단, 이때 알록달록 여러가지 색상을 쓰려는 사람이 있는데 이는 오히려 통일감을 떨어뜨릴 수 있어 3개의 색이 넘지 않도록 한다.

6. 최대한 쉽게 글을 작성할 것

글을 쓸 때는 아이들도 쉽게 읽을 수 있는 글, 타겟들이 보기에 어렵지 않은 글을 작성하는 것이 무엇보다 중요하다. 나만 아는 전문 용어를 남발하기 보다는 친한 친구에게 정보를 전달하듯 최대한 쉽게 풀어 글을 작성해보도록 하자.

7. 맞춤법 검사

블로그 글을 모두 작성했다면 맞춤법 검사를 클릭해보고 맞춤법이 제대로 되었는지를 최종적으로 확인 후 글을 발행하면 더욱 읽기 좋은 글이 되니 맞춤법 검사를 필수로 진행해보자.

사진 SNS사진 동영상 스티커 인용구 구분선 장소 링크 파일 일정 소스코드 표 수식

본문 ∨   나눔바른고딕 ∨ 15 ∨   **B** _I_ U̲ T̶ T. T   ≡ ≡ ≔   T¹ T₁ ※ &   A̤ 맞춤법

8. 사진 외 움짤, 동영상 적절히 활용

네이버 블로그는 사진 분만 아니라 동영상, 움짤 등을 골고루 넣어 구성한 포스팅을 좋아하기 때문에 나 역시 포스팅을 할 때 사진 외 움짤, 동영상을 적재적소에 넣어주려고 한다. 사진 외 움짤, 동영상을 적절히 배치한다면 보는 사람으로 하여금 풍성한 글이 될 수 있기 때문에 넣을 수 있는 상황이라면 넣어서 포스팅 하는 것을 추천한다.

내 블로그는 왜 방문자도 없고
상위 노출도 안될까?

사실 블로그를 하는 이유 중 하나도 내가 정한 메인 키워드로의 포스팅이 상위 노출되기 위한 목적이 크다. 열심히 적은 내 글이 노출이 되지 않아 아무에게도 읽히지 않는다면 블로그를 하는 의미가 없지 않은가.

하지만 블로그를 처음 시작하거나 블로그를 오래 했음에도 방문자가 늘지 않는다면 다음의 내용에 대해서 한 번 점검해 볼 필요가 있다. '내가 쓰고 싶은 글만 쓰고 있지는 않은가?', '글을 쓸 때 키워드 분석 및 경쟁률을 고려하지 않은 채 글을 썼는가?'

'블로그 로직이 싫어하는 행위를 하였는가?'

 앞서 이야기했듯 네이버 블로그는 유저로 하여금 본인 블로그 지수 수준에 맞는 키워드로 양질의 컨텐츠를 적은 블로거의 글을 우선적으로 노출시켜준다. 그러기에 블로그를 시작할 때 가장 중요한 건 키워드를 잡는 것이라고 할 수 있다. 여기서 키워드의 뜻을 간단하게 설명하면 키워드란 포스팅 하는 핵심 주제 즉, 네이버에서 무언가의 정보를 찾을 때 입력하는 검색어를 의미한다.

 키워드를 정할 때는 내가 유저 입장이 되어 내가 이런 상황이라면 어떤 키워드로 검색을 해 볼지 미리 생각해보는 과정을 거쳐야 하고, 현재 내 블로그의 수준에 맞게 키워드를 선정하는 것이 핵심이다.

ex. 피부의 기미가 고민인 사람이 네이버에서 검색을 한다고 가정해보자. 이것이 내 상황이라면 네이버에 어떤 키워드로 검색해 볼 것인가
→ 기미화장품추천, 기미앰플, 기미에센스, 피부기미없애는법, 기미레이

저, 색소침착, 기미제거하는법 등의 다양한 키워드가 있을 수 있다.

하지만 이 경우에도 위에 제시한 키워드들의 검색량이 높고 경쟁률이 높은 편이기에 아래에 설명하는 키워드 분석 도구를 통해 내 블로그 수준에 맞는 조회수의 키워드를 찾아 포스팅을 해야 한다. 자세한 사항은 다음의 키워드추출법 챕터를 참고하기 바란다.

흔히 초보 블로거가 하는 실수 중 하나는 키워드에 대한 아무런 분석과 이해없이 경쟁률 높은 키워드, 월간 검색량이 많은 키워드가 무조건 좋은 줄 알고 이 키워드만을 삽입해 포스팅을 한다는 것이다. 그러면서 내 블로그에 방문자가 유입이 안되고 글이 노출이 안된다고 한다. 노출이 안되는 것이 지극히 당연한데 말이다.

키워드추출도 중요한 요소지만 더 중요한 건 본인 블로그의 현재 상황을 아는 것이다. 블로그를 갓 만든 사람과 블로그를 몇 년째 전략적으로 꾸준히 운영한 사람 중 어떤 사람의 블로그 지수가 높고 글이 더 잘 노출이 되겠는가? 당연히 블로그를 오래 전략적으로 운영한 후자일 것이다.

이제 갓 블로그를 시작했다면 내 현재 상황에 맞는 키워드를 추출 및 분석해 꾸준히 포스팅을 하려는 노력을 기울여보자.

키워드 추출법

그렇다면 키워드는 어떻게 추출을 하는 것이 좋을지 궁금할 것이다. 블로그를 갓 시작한 초보 블로거나 블로그 지수가 낮은 블로거의 경우 검색량이 너무 높은 키워드로 포스팅을 시작하는 것이 아닌 검색량이 낮은 키워드부터 노리는 것이 좋다. 그리고 노출이 되는지 여부를 살펴보면서 그 키워드의 수준을 올리거나 내리는 등의 훈련, 키워드 분석이 필요하다. 키워드 추출을 할 때 활용하면 좋을 사이트로 네이버 검색광고, 블랙키위, 카똑똑, 키워드 마스터를 추천한다. 키워드 추출 시 적재적소에 활용해 보자.

블랙키위 활용하기

아래는 블랙키위를 활용하여 '남자 제모'를 검색한 결과이다.

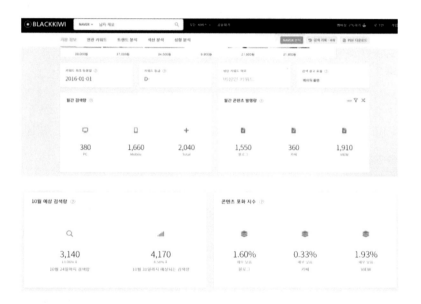

〈이미지출처〉 블랙키위

블랙키위에서는 월간 검색량과 월간 컨텐츠 발행량을 주로 확인해보면 좋고 검색량 대비 컨텐츠 발행량(문서수)이 적을수록 상위노출에 좋은 키워드라고 할 수 있다. 하단에 보면 나오는 콘텐츠 포화지수는 낮을수록 노출에 유리하다고 보면 된다. 콘텐츠 포화지수가 높다는 것은 경쟁이 치열하다는 뜻과 같아 초보 블로거가 상위 노출이 될 수 있는 확률이 적어진다. 그러므로 콘텐츠 포화 지수가 낮은 키워드를 찾아 포스팅을 하는 것이 좋다. 참고로 블랙키위에서는 다음과 같이 콘텐츠 포화지수를 책정한다.

50%이상 : 매우 높음, 30%~49.9% : 높음, 10%~29.9% : 보통, 5%~9.9% : 낮음, 5%미만 : 매우 낮음

아울러 스크롤을 아래로 쭉 내려보면 섹션 배치순서도 PC, 모바일 각각의 자료를 제공하는데 키워드 노출에 있어 이 섹션 배치 역시 중요하므로 눈 여겨 봐야한다. 가급적 VIEW탭이 상단 섹션에 뜨는 키워드가 좋다. 참고로 VIEW탭은 블로그, 카페 글이 함께 뜨는 영역이라고 보면 된다. 예를 들어 아래 이미지와 같이 블랙키위에서 [남자화장품추천] 검색 시 모바일 기준 아래와 같은 순서로 섹션이 노출됨을 확인할 수 있다. 키워드마다 PC/모바일별로 노출되는 섹션 배치 순서가 다르고 어떤 키워드는 VIEW탭이 상위에 뜬다면 어떤 키워드는 인플루언서 탭이 먼저, 어떤 키워드는 지식인이 먼저 상단에 배치가 된다. 사람 특성상 검색을 할 때 상단의 글만 보려는 심리가 있기 때문에 네이버 자체에서도 상위 노출이 중요하지만 전체적으로 봤을 때 블로그 글이 노출되는 VIEW탭 섹션이 상위에 배치되어야 노출에 있어 유리하다는 것을 알아 두자.

키워드별 노출 섹션은 네이버에 일일이 검색해보기 번거로울 수 있으므로 블랙키위 툴을 활용해 확인해보고 요즘 PC보다는 모바일을 통해 더 많이 검색해보기 때문에 모바일 결과를 집중적으로 체크해 보기 바란다.

Mobile 섹션 배치 순서 ⑦   👁

1   **파워링크**   4개의 콘텐츠 노출 중

2   **beta**

3   **남자 뷰티팁 정보**

4   **네이버쇼핑**   15개의 콘텐츠 노출 중

5   **인플루언서**   3개의 콘텐츠 노출 중

〈이미지〉 블랙키위에서 [남자화장품추천] 검색 시 파워링크 섹션이 상단에 배치됨

〈이미지〉 블랙키위에서 [남자가죽자켓] 검색 시 PC에서는 VIEW탭이 상단에, 모바일에서는 파워상품 다음으로 VIEW탭 섹션이 상단에 배치되는 것을 확인할 수 있음

블랙키위에서 검색량과 발행량이 너무 많고 포화지수가 높아 상위노출이 어려울 것으로 판단될 경우 수준을 낮춰 연관 키워드로 접근하는 것이 좋다. 아래 이미지는 [남자팬티]를 검색했을 때 나오는 연관 키워드 결과 창이다. 연관 키워드는 월간 검색량 및 블로그 누적 발행량을 필터링해 높은 순, 낮은 순으로 정렬해서 볼 수 있어 연관 키워드 추출에 도움을 주니 유용하게 활용해보자. 초보일 경우 정답은 아니지만 검색량 500~1000 정도, 검색량보다는 발행량이 더 적은 키워드를 찾고, 마땅한 키워드가 없을 경우 적절한 키워드를 계속해서 찾는 과정을 거쳐야 한다.

키워드	월간 검색량 (Total)	블로그 누적 발행량	철자 유사도
분모자팬티	510	200	높음
스키니슬 팬티	670	65	보통
지마팬티	820	40,400	높음
삼각팬티	3,480	30,300	높음
드로즈팬티	4,700	27,000	보통
유아 팬티	5,510	33,400	높음
주니어팬티	6,080	8,710	보통
남자 트렁크 팬티	6,540	8,780	높음

〈이미지〉 블랙키위에서 [남자팬티] 검색 시 나오는 연관 키워드

마지막으로 블랙키위에 로그인을 할 경우 VIEW탭 TOP7이라고 하여 해당 키워드로 검색해봤을 때 나타나는 게시글의 순위를 볼 수 있다. 이 메뉴를 통해서는 경쟁자들의 현황(글 발행일자, 방문자 정보)을 체크해 볼 수 있다. 아래는 [똑딱이카메라추천] 키워드로 검색했을 때 나오는 상위 경쟁자들의 현황이다. 방문자수가 대부분 1천 미만으로 초보 블로거들이 도전하기 좋은 키워드라고 볼 수 있다. 만약 이 탭의 대부분을 방문자가 높은 블로거 혹은 인플루언서가 차지하고 있다면 초보 블로거가 포스팅을 하더라도 이들을 밀어내고 상위노출을 할 수 없을 것이므로 이를 판단하는 지표로 활용하면 좋다. 즉, 해당 키워드로 포스팅을 했을 때 VIEW탭 TOP7 영역을 통해 상위노출 여부 판단력을 길러볼 수 있다.

제목 ⑦	발행일 ⑦	방문자 수 ⑦
비싼 **똑딱이 카메라** 라이카 d-lux7과 리코 gr 사진을 비교해봤어요. 어느 **카**..	2021.04.11.	157
컴팩트 **카메라 추천** | 소니 RX100M7 가벼운 **똑딱이 카메라**	2022.08.28.	245
IIIx, **똑딱이 카메라 추천**, 하이엔드카메라, 2030 여성 **카메라 추천**	2021.12.20.	905
[리코카메라추천] 리코 GR3 **똑딱이카메라** 언박싱 + 사용방법! 블로그 **카메라**용..	2020.12.26.	247
소니 **똑딱이 카메라** RX100 M7 브이로그용 **카메라 추천**	2020.04.04.	536
리코gr3으로 담아본 일상 **똑딱이카메라** 강력**추천**	2022.02.08.	26
똑딱이 재활용 프로젝트	2021.09.25.	N/A

〈이미지〉 블랙키위에서 [똑딱이카메라추천] 키워드로 검색했을 때 나오는 VIEW 탭 TOP7

키워드마스터 활용하기

다음은 키워드마스터로 [남자헤어스타일추천], [남자헤어스타일]을 각각 검색한 결과 창이다.

관련키워드	태그 자동생성						

남자 헤어스타일 운위 남자헤어스타일 추천 남자헤어스타일 2021 남자헤어스타일 종류

-	키워드	PC 검색량	모바일 검색량	총조회수	문서수	비율
▸	남자헤어스타일추천	90	330	420	163,032	388.171
▸	남자헤어스타일	4,340	32,600	36,940	416,559	11.277

〈이미지출처〉 키워드마스터

총조회수	문서수	비율
420 남자헤어스타일추천	163,032	388.171
36,940 남자헤어스타일	416,559	11.277

* 총조회수 : 해당 키워드를 사람들이 얼마나 검색하는지를 알려주는 검색량 지표, 보통은 PC검색량+모바일 검색량을 합친 수치로 나타남(최근 30일 기준)
* 문서수 : 해당 키워드로 포스팅 된 문서의 수, 보통은 조회수>문서수인 키워드가 상위노출에 유리함, 단, 글의 퀄리티가 높다면 상위노출이 될 수 있는 확률은 올라갈 수 있음
* 비율 : 총 조회수 대비 문서의 수

 키워드마스터에서는 제일 오른쪽 탭에 위치한 '비율'의 수치가 적을수록 검색량 대비 포스팅 수가 적은 것이라고 보면 되며 비율의 수치가 낮을수록 상위 노출의 가능성이 높아진다고 보면 된다. 즉, 비율의 수치가 1미만인 경우에는 조회수가 문서수 보다 많다는 것이고, 1을 초과하는 경우 조회수가 문서수 보다 적다는 것이다. 위 이미지로 간단히 예를 들어보면 [남자헤어스타일추천]은 [남자헤어스타일]에 비해 약 35배 정도로 문서수 비율이 높다. 이 말은 [남자헤어스타일추천] 키워드로 글을 쓴 블

로거가 35배 더 많기에 경쟁률이 높다 라고 이해하면 된다. 이렇게 보는 것과 같이 PC, 모바일 검색량과 총 조회수가 많은데 문서수가 비교적 매우 적은 키워드가 가장 좋은 키워드라고 할 수 있다. 하지만 무조건 비율만을 보고 키워드를 선정하기보다는 현재 내 블로그 수준에 맞는 검색량의 키워드를 찾는 과정도 매우 중요하다. 검색량이 너무 높지 않으면서 문서수 비율도 낮은 적절한 키워드로의 포스팅이 필요하다는 뜻.

초보 블로거라면 키워드 검색량이 너무 높지 않으면서 초반에는 문서건수가 5천 이하인 키워드를 찾아 포스팅을 하고 메인 키워드 외 세부 키워드를 더해 포스팅을 해보면 어떨까.

그럼에도 키워드를 일일이 분석하기 어렵게 느껴진다면 비율을 확인해보고 최대한 낮은 비율의 키워드를 선정해 포스팅해보자. 앞서 말한 것처럼 비율도 비율이지만 내 블로그 수준에 맞는 적당한 검색량의 키워드를 선정하는 작업도 중요하니 참고하자. 이 외 핵심 메인 키워드 외 보조 키워드를 추가로 넣어 포스팅해보면 노출의 확률이 높아질 수 있으니 조회수와 문서수의 비율을 잘 버무려 메인 키워드, 보조 키워드를 넣어 블로그 포스팅을 해보길 바란다.

 추가로 키워드마스터 제일 우측을 보면 위 이미지처럼 각 키워드별 1위~10위까지 상위 노출된 블로그 글을 클릭해 볼 수 있도록 되어있다. 이를 하나하나 클릭해보면서 상위노출이 되는 블로거들은 어떻게 글을 쓰는지, 사진과 동영상은 몇 개 정도 올라가 있는지, 본문 내 메인 키워드와 서브 키워드를 몇 번 정도 반복 삽입했는지 등을 벤치마킹 할 수 있으니 직접 클릭해 확인해보기 바란다.

카똑똑 활용하기

 마지막으로 '카똑똑'이라는 서비스는 간편하게 키워드 월간 검색량, 문서수를 조회해 볼 수 있어 추천한다. 카카오톡 안에서 '카똑똑' 친구 검색 후 친구 추가하면 모바일을 통해 내 포스팅 순위를 빠르게 검색할 수 있음은 물론 그 외 키워드 월간 검색량(PC, 모바일) 역시 빠르게 확인이 가능하다. 나 같은 경우 키워드마스터, 블랙키위 모두 활용은 하지만 가끔씩 월간 검색량과 문서수를 빠르게 알아야 할 때는 카똑똑 만을 단독으로 활용하기도 한다. 카카오톡에 키워드만 치면 즉각적으로 키워드 PC 검색량, 모바일 검색량, 블로그 문서량을 한 번에 파악할 수 있어 굉장히 편리한 서비스이다.

〈이미지〉 카똑똑 친구 추가 후 대화창에 검색하고자 하는 키워드를 입력하면 즉각적으로 모바일 검색량, PC 검색량, 문서수 등을 제공해준다

내가 쓴 블로그 포스팅이 상위에 노출되어 많은 사람들에게 읽히길 바란다면 사람들이 검색할 만한 메인 키워드를 제목 왼쪽에 배치하고 너무 많이는 아니더라도 본문에도 적절히 키워드를 넣어주는 것이 좋다. 이제 갓 블로그를 시작한 블로거라면 검색량이 적은 키워드부터 계속 포스팅해 노출해보면서 키워드 분석 과정을 거쳐보자. 검색량이 적은 키워드로 포스팅 했을 때 노출이 된다면 점차적으로 키워드 수준을 올려가면서 포스팅을 진행하면 되기 때문이다. 포스팅을 하고 나서 어디쯤 노출이 되는지 체크 후 다음 포스팅 시 어느 수준의 키워드로 포스팅을 하면 좋을지 매번 분석해보는 과정도 거쳐보자.

흔히 월간 검색량 기준 검색량 1,000이하를 소형 키워드, 5,000이하를 중형 키워드, 1만 이상을 대형 키워드로 보고 있다. 초보 블로거라면 소형 키워드에 준하는 검색량(PC+모바일 검색량 1,000이하)의 키워드로 포스팅을 먼저 진행해보고, 최적화가 되면 중형, 대형 순으로 단계를 높여가면서 포스팅을 하면 된다. 아무쪼록 월간 검색량, 월간 검색량 대비 블로그 누적 발행량(문서수), 컨텐츠 포화지수, VIEW탭 위치 등을 종합적으로 고려해 적절한 키워드를 잡아 포스팅을 해보도록 하자.

 단, 갓 블로그를 시작했다고 해서 월간 검색량이 100이하로 너무 낮은 키워드를 잡고 포스팅 하지는 말 것. 이는 한 달 동안 100명이 검색해 봤다는 의미인데 검색 조회수가 100이라면 그만큼 사람들이 해당 키워드로 검색을 거의 해보지 않는다는 말과도 같으므로 일정량의 검색 조회수가 있는 키워드를 선택해서 블로그 포스팅을 진행할 것. 참고로 핵심 키워드를 제목 왼쪽에 배치하는 것 외 본문에도 여러 번 반복하는 것이 좋다고 하였는데 이에 정확한 반복 횟수는 정해진 바 없다.

 하지만 키워드를 본문에 과도하게 반복할 경우 어뷰징으로 간주되어 포스팅 누락이 일어날 수 있기에 조심해야만 한다. 참고로 나는 10회 미만으로 본문에 핵심 키워드를 녹이는 편이다.

 포스팅 작성 전 블로그 키워드 분석기를 활용하면 포스팅 본문 내 키워드가 몇 번이 반복되었는지를 편리하게 한 눈에 파악할 수 있으니 활용해 보도록 하자. 이 방법이 번거롭게 느껴진다면 포스팅 후 발행 전 'Ctrl+F' 검색 기능으로 메인 키워드를 검색해 총 몇 번의 키워드가 본문에 들어갔는지 그 반복횟수를 한눈에 파악해 볼 수 있다.

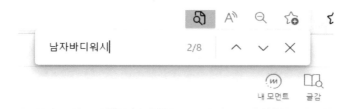

〈이미지〉 블로그 포스팅 발행 전 'Ctrl+F' 단축키로 메인 키워드 반복횟수를 체크해 볼 수 있음. 위 이미지에서는 [남자바디워시] 키워드가 포스팅 본문에 총 8번 녹아 있다고 보면 됨

블로그 키워드 분석기

https://app.illustudio.co.kr/keyword-checker

〈이미지출처〉 블로그 키워드 분석기

[정리] 키워드 추출 시 사이트 활용법

1) 블랙키위 : 월간 검색량(PC,모바일)을 체크하여 초보 블로거일 경우 소형 키워드(검색량이 적은 키워드, 검색량 500~1000 이하 정도)부터 셀렉하여 포스팅 진행. 콘텐츠 포화지수는 낮을수록 상위 노출에 유리함. 모바일 섹션 배치순서는 VIEW탭이 상위에 배치될수록 좋음.

2) 키워드마스터 : '비율'의 수치가 적을수록 상위노출에 유리. 비율이 적다는 것은 조회수 대비 문서수가 적다는 뜻. 이 때 '비율'만 보는 것보다 키워드 검색량도 함께 체크. 블로그를 갓 시작했을 경우 검색량 적은 키워드(검색량이 100이상인 키워드)와 '비율' 수치가 적은 키워드 찾아 포스팅 진행. 키워드마스터를 통해 키워드 검색 시 하단에 나오는 관련 키워드도 적재적소로 활용하면 키워드 선정이 조금 더 용이해짐.

관련키워드 태그 자동생성

남자 화장품 추천 남자 올인원 화장품 추천 60대 남자 화장품 추천 30대 남자 화장품 추천 50대 남자 화장품 추천 40대 남자 화장품 추천 남자 기초화장품 추천 남자 미백화장품 추천

〈출처〉 키워드마스터 하단에 나오는 관련 키워드

핵심 메인 키워드 외 보조 키워드도 적절히 활용하여 포스팅 진행. 키워드마스터 제일 우측 탭에 블로그 순위 1~10위까지 눌러서 확인이 가능하므로 해당 키워드로의 상위 노출된 블로거 벤치마킹 용도로 활용하면 좋음.

3) 카똑똑 : 카카오톡으로 좀 더 빠르게 PC/모바일 월간 검색량, 문서수를 알아보고 싶을 때 카카오톡 '카똑똑' 친구추가를 통해 빠른 조회가 가능.

∨ 메인 키워드는 제목 제일 왼쪽에 배치하고 본문에도 적당히 반복 노출, 메인 키워드 본문 노출 횟수는 'Ctrl+F' 혹은 키워드분석기 서비스를 통해 간단하게 확인할 수 있으니 참고.

∨ 단, 키워드 검색량이 100 이하인 키워드로의 포스팅 지양. 이는 월에 100명도 안 되는 사람들이 키워드를 검색해봤다는 의미이므로 수요가 거의 없는 키워드와도 같음. 초보 블로거일 경우 100이상의 검색량을 가진 키워드를 선정해 포스팅 하되 노출 여부를 판단해보면서 키워드 검색량 수준을 계속 조절하며 포스팅을 진행.

키워드를 세분화하여 내 수준에 맞는 키워드 발굴하기

키워드를 세분화하라는 것은 자신의 블로그 수준에 맞춰 키워드를 쪼개라는 것이다. 예를 들어 [강남맛집]을 메인 키워드로 포스팅 할 것이라고 가정해보자. [강남맛집]은 9월 28일 기준 모바일 한 달 검색량이 122,700건, PC 한 달 검색량이 32,800건. 토탈 155,500건이다. 이 키워드는 높은 검색량으로 아무리 블로그가 최적화되어 있다 하더라도 노출이 어려운 키워드다. 마찬가지로 블로그를 갓 시작했거나 최적화된 블로그가 아니라면 더욱이 상위 노출되기 어려운 키워드라고 보면 된다. 그렇다고 블로그 포스팅을 포기할 것인가. 이럴 때는 해당 키워드를 세분화시켜 자신의 블로그 수준에 맞는 키워드를 찾아 포스팅을 하는 것이 좋다. 아울러 키워드 검색량을 볼 때는 대부분 사람들이 모바일 검색을 많이 하는 추세이므로 PC보다는 모바일 기준으로 보는 것이 좋다.

ex. 강남맛집(모바일검색량 122,700건, PC검색량 32,800건)

→ 강남구맛집(모바일 검색량 1,350건, PC검색량 280건), 역삼역맛집(모바일 검색량 7,230건, PC검색량 1,470건)

** [강남맛집] 단독 키워드로만 봤을 때 조회수가 엄청 높은 키워드다. [강남맛집]이란 키워드를 쪼개고 쪼개 내 블로그 수준에 맞는 검색량의 유사 키워드를 찾는 과정을 거쳐야 함.

ex. 남자향수

→ 남자선물추천, 20대남자향수추천, 30대남자향수추천, 40대남자향수추천

** [남자향수]의 경우에도 [남자향수] 키워드 검색량이 높을 경우 [남자선물추천]이라든지 [20대남자향수추천], [30대남자향수추천], [남자

친구선물] 등으로 키워드를 쪼개 내 블로그 수준에 맞는 키워드를 찾아내는 것이 중요

위의 예시처럼 [강남맛집] 키워드 검색량과 경쟁률이 쎄므로 [강남맛집] 외 [강남구맛집], [역삼역맛집] 등으로 쪼개 내 수준에 맞는 키워드를 계속해서 세분화시켜 나간다. [남자향수]의 경우에도 내 블로그에서 노출이 되기 힘들다고 판단될 경우 연관된 그보다 경쟁률이 낮으면서 연관된 키워드를 찾는 작업이 필요하다. [남자선물추천]이라든지 [20대남자향수추천], [30대남자향수추천] 등 말이다. 단, [강남맛집]이든 [남자향수]든 그와 연관된 즉 유사 키워드를 찾아야 하는 것을 잊지 말도록 하자.

내 블로그 수준에 맞는 적절한 검색량의 키워드를 추출해내는 것도 중요하지만 앞서 여럿 이야기한 총 조회수 대비 문서수의 비율이 적은지도 함께 체크해야 한다.

메인 키워드/서브 키워드 동시에 활용하기
제목에 메인 키워드 외 서브 키워드도 한 두개 넣어서 포스팅

을 진행해보자. 그 이유는 앞서 블로그 운영 방법으로 이제 갓 블로그를 시작한 사람 혹은 블로그 지수가 낮을 경우 누구든 검색 조회수가 적절하면서 문서량이 적어 노출 가능성이 높은 키워드를 추출해서 글을 쓰라고 했는데 수많은 사람들이 이 방법을 활용해 포스팅을 할 것이기 때문이다. 따라서 메인 키워드 외 서브 키워드도 함께 공략해 노출 확률을 높이는 것이 좋다.

 메인 키워드는 대표 핵심 키워드로 서브 키워드와 비교했을 땐 상대적으로 검색량이 높은 키워드를 뜻하고, 서브 키워드는 세부 키워드로 메인 키워드에 비해 상대적으로 검색량이 낮은 키워드를 뜻한다. 블로그 지수에 따라 다르지만 메인 키워드로의 노출이 되면서 서브 키워드로의 노출이 동시에 될 수도 있으며 메인 키워드로의 노출은 안되지만 그보다 낮은 조회수의 서브 키워드로의 노출이 되는 경우도 있다. 이렇듯 메인 키워드와 서브 키워드는 서로 상호 보완적인 키워드라고 보면 된다. 그러니 노출의 극대화를 위해 조회수가 어느 정도 있는 메인 키워드와 메인 키워드보다는 조회수가 떨어지는 서브 키워드도 함께 적재적소에 활용해보자.

BEFORE. 선크림추천해요 : 1차원적인 제목으로 블로그 지수가 낮거나 갓 블로그를 시작했을 때 [선크림추천] 이라는 메인 키워드만으로의 노출이 어려울 수 있음.

AFTER. 선크림추천, 유기자차로 산뜻해요 : 메인 키워드 [선크림추천]을 제목 왼쪽에 배치했고 서브 키워드로 그보다 검색량이 낮은 [유기자차]를 서브 키워드로 설정하여 포스팅. 이 경우 [선크림추천]으로는 상위노출이 어려울 수는 있지만 그보다 검색량이 낮은 서브 키워드 [유기자차]로는 노출이 될 수 있음.

BEFORE. 역삼역맛집추천해요
AFTER. 역삼역맛집 소갈비구이 맛있는 곳
메인키워드 : 역삼역맛집, 서브키워드 : 소갈비구이

BEFORE. 남자톤업크림 이거 쓰세요
AFTER. 남자톤업크림 0000 남자미백크림 추천해요
메인키워드 : 남자톤업크림, 서브키워드 : 남자미백크림

단, 메인 키워드와 서브 키워드는 어느 정도 연관성 있는 키워드로 가야한다. 전혀 연관성이 없는 키워드 추출은 NO! 아울러 메인 키워드, 서브 키워드 외 키워드를 각각 사용해도 좋지만 같은 맥락으로 다음과 같이 두 단어 세 단어 이상의 키워드를 조합해서 키워드를 작성해도 좋다. 예를 들면 다음과 같다.

ex. 구두 → 남자구두 → 남자직장인구두
제목 : **남자직장인구두** 고급스러움에 데일리로 신고 있어요.
** 예를 들어 [남자구두]를 메인 키워드로 잡고 포스팅을 진행했을 시 [남자구두]로만 노출이 되겠지만 [남자직장인구두]를 메인 키워드로 잡았을 시 [남자구두], [직장인구두], [남자직장인구두]로 다양하게 노출이 될 수 있음.

정리하면 1차원적인 단일 키워드 외 두 단어, 세 단어 이상 늘려서 내 블로그 수준에 맞는 키워드로의 다양한 노출이 될 수 있도록 키워드를 선정해 보도록 하자. 특히 블로그 지수가 낮고 활성화가 되지 않을수록 키워드를 위처럼 두 단어 세 단어 이상으로 사용해야 노출면에서 유리하니 참고해보도록 하자.

ex. **군인화장품선물** → [군인선물], [화장품선물], [군인화장품선물]로 다양한 키워드로 노출이 될 수 있음

ex. **대학생가성비노트북** → [대학생노트북], [가성비노트북], [대학생 가성비노트북]으로 노출이 될 수 있음. 즉, 1차원적인 키워드에 비해 키워드를 두 단어, 세 단어로 늘릴 경우 위와 같이 다양한 키워드로 상위노출 확률이 높아진다고 보면 됨.

키워드 추출 시 활용하면 좋을 사이트

1) 블랙키위(blackkiwi.net)
내 관심 키워드가 언제 가장 많이 검색되고, 어떤 성향과 특징을 가지고 있는지 알아볼 수 있음

2) 웨어이즈포스트(whereispost.com)
자신이 발행한 포스팅 누락 여부 확인 및 키워드 조회와 분석도 가능한 서비스

3) 리얼 키워드(realkeyword.co.kr)

키워드별 조회수, 조회율, 블로그상 문서수를 보여줘 한 번에 키워드 비교가 쉬운 서비스

4) 네이버 광고 키워드 도구(searchad.naver.com)

네이버 광고-개인 광고주or사업자 광고주로 회원가입-메인 화면 '키워드 도구' 클릭하여 활용 가능

5) 카똑똑

카카오톡 안에서 '카똑똑' 친구 검색 후 추가하면 내가 포스팅한 순위를 모바일로 빠르게 검색할 수 있으며 그 외 키워드 검색량 조회와 순위 등을 모바일을 통해서도 빠르게 확인할 수 있음

[정리]

위 사이트들을 통해 키워드 분석을 할 수 있다. 본인이 사용하기 편리한 사이트를 통해 키워드 분석을 해도 되지만 가급적이면 여러 개의 사이트들을 다양하게 활용해보도록 하자.

문서수가 가급적 적은 것을 공략하라는 건 해당 키워드로 올라온 문서수가 많을수록 상위노출이 어렵기 때문이다. 내가 쓴 글이 상위노출이 되기 위해서는 가급적 문서수가 적은 키워드를 공략하는 것을 추천한다. 키워드의 경우도 욕심을 내 검색량이 높은 키워드만을 선택해 포스팅 한다면 노출이 될 확률이 낮아지기에 본인 블로그 지수에 맞는 키워드를 찾아서 포스팅하는 것이 필요한 것이다. 갓 블로그를 시작한 초보 블로거라면 검색량이 낮은 키워드부터 선택해 포스팅을 해보면서 노출 여부를 확인해보고 키워드 수준을 차근차근 높여 나가면서 포스팅을 진행해보도록 하자.

하지만 키워드도 중요하지만 그보다 더 중요한 건 여러 번 강조했듯 유저입장에서 오래 머무를 수 있는 양질의 글을 쓰는 것이다. 만약 내가 어떤 키워드로 상위노출이 되었는데 사람들이 오래 머무르지 않고 금방 이탈해버린다면 포스팅 순위가 내려갈 수 있기 때문이다. 오히려 나보다 낮은 순위에 노출되어 있는 포스팅이 양질의 포스팅이어서 사람들의 유입이 많고 체류시간도 길어진다면 그 포스팅이 내 포스팅을 제치고 상위로 올라오고 내 포스팅은 계속해서 순위가 떨어질 것이 분명하다. 그러므로 양질의 포스팅을 하는 것을 늘 염두에 두고 블로그를 운영해보도록 하자.

검색이 잘되는
키워드 찾는 방법

검색이 잘되는 키워드를 찾기 위해서는 네이버의 자동 완성 검색어와 연관 검색어를 참고하는 것이 좋다. 예를 들어 네이버 검색창에 [핸드크림]을 쳤을 때 사람들이 궁금해하고 자주 검색하는 키워드를 아래와 같이 우선적으로 보여준다. 이것을 자동 완성 검색어라고 하며 우측에 연관 검색어가 뜨는데 연관 검색어는 검색어와 연관된 검색어를 제공하는 기능으로 키워드에 따라 나오는 경우가 있고 나오지 않는 경우가 있다.

〈이미지〉 네이버 검색창에 [핸드크림] 키워드로 검색했을 때 하단에 나오는 자동 완성 검색어와 우측에 나오는 연관 검색어

[핸드크림] 검색 시 자동 완성 키워드 및 연관 검색어 키워드를 다양하게 활용하면 검색이 잘되는 키워드를 보다 쉽게 찾아볼 수 있다.

하지만 이는 어디까지나 검색이 잘되는 키워드를 찾는 방법일 뿐 키워드를 그대로 잡고 포스팅하는 것이 아닌 자신의 블로그 지수에 따라 적절한 검색량의 키워드를 찾아 포스팅하는 것이 좋다. 앞서 이야기했던 키워드마스터나 블랙키위, 카똑똑의 툴을 활용하여 월간 검색량 등을 종합적으로 참고해보자.

정리
이것만 기억해라!

블로그 운영 시 가장 중요한 건 내 블로그 수준에 맞는 키워드 추출이다. 그렇게 해야 블로그 방문자 유입 및 상위노출을 노려볼 수 있기 때문이다.

블로그를 갓 시작한 초보 블로거의 경우에는 처음부터 욕심을 부려 월간 검색량이 높은 키워드가 아닌 낮은 키워드로 우선 포스팅을 해 수시로 노출 여부를 체크하여 키워드 수준을 계속해서 올려 나가는 것이 중요하다. 아울러 검색량이 낮은 키워드라

하더라도 소비자로 하여금 유익한 정보를 줄 수 있는 진솔한 양질의 글을 올리면 체류 시간이 늘어나 위에 설명한 다이아 로직에 의한 높은 점수를 받을 수 있기 때문에 퀄리티 높은 블로그 포스팅을 하는 것이 중요하다. 초반부터 활성화되지 않은 블로그에 협찬 제안이 들어오거나 체험단으로 선정이 되거나 하는 확률이 낮기 때문 자신이 가지고 있는 제품으로 블로그 포스팅을 꾸준히 하면서 기반을 다져 나가보도록 하자. 그리고 블로그가 어느 정도 활성화가 되었다면 메인 키워드 1개와 서브 키워드 2~3개를 잡고 포스팅을 해 다양하게 노출이 될 수 있도록 블로그를 운영하는 것이 좋고 위에서 이야기했던 것처럼 두 단어 이상, 세 단어 이상의 키워드를 조합해 단일 키워드로의 1차원적인 포스팅이 아니라 여러 키워드로의 노출이 될 수 있는 키워드로 포스팅을 하는 것이 노출에 있어 보다 더 유리하다. 여럿 반복해서 이야기하지만 가장 중요한 건 자신의 블로그 수준에 맞는 키워드를 잡고 포스팅을 하는 것이고, 이의 과정을 계속해서 반복해 키워드를 선정하고 포스팅 한 후 자신의 블로그 위치가 어디쯤 있는지를 직접 포스팅해보면서 분석해보도록 하자. 그럼 노출도 잘되면서 방문자도 높아지는 나의 블로그를 만날 수 있을 것이다.

[키워드 뽑는 순서 정리]

1. 어떤 내용으로 포스팅을 할 것인지 정하고 대표 키워드 추출
2. 대표 키워드의 네이버 자동 검색어와 연관 검색어를 확인해본다.
* 자동검색어 : 네이버 검색창에 키워드를 쳤을 때 아래에 자동으로 추천해주는 키워드
* 연관검색어 : 입력한 검색어와 연관된 검색어를 제공하는 기능. 보통 우측 상단에 나옴
3. 키워드를 설정했다 한 들 내 블로그 수준에 맞는 키워드를 활용하는 것이 상위노출에 유리하기 때문에 내 블로그 수준에 맞는 메인 키워드와 서브 키워드 설정. 이 때는 네이버광고, 블랙키위, 키워드마스터, 카똑똑 등을 활용해 한 달 키워드 조회수나 경쟁도, 문서수를 종합적으로 확인
- 문서수 : 웨어이즈 포스트, 키워드 마스터로 키워드 별 문서수 확인
- 발행주기 : 얼마나 자주 포스팅이 올라오는지 체크
문서수가 적으면서 경쟁도가 낮고 발행주기가 긴 키워드를 선택하여 포스팅 진행. 즉, 상단에 최신글이 없을수록 상위 노출엔 더 유리

내 블로그 지수
쉽게 파악할 수 있는 사이트

　앞서 블로그 지수에 대해 여럿 언급했다. 블로그 지수는 사이트마다 기준이 다를 수 있고 상대적인 수치이므로 내 블로그 현재 위치를 알 수 있는 참고자료로만 활용하는 것이 좋다. 보통은 게시글 작성 빈도, 검색어 연관도, 컨텐츠 등을 종합적으로 평가해 지수를 진단하며 보통은 최적화, 준최적화, 일반, 신규, 저품질 등으로 블로그 단계를 나눈다. 블로그를 이미 먼저 시작하고 꾸준히 양질의 글을 써 온 사람들이 당연히 블로그 지수 레벨 면에서 높을 수밖에 없다. 블로그도 각자의 레벨이 있으며 블로그 지수가 높을 경우 키워드로의 상위노출이 될 확률도 높아지는 것이다.

　물론 이제 갓 블로그를 만들어 글이 없는 경우라면 블로그 지수 파악 자체가 어려울 수 있기 때문에 포스팅을 최소 30 개 이상 작성한 후 현재 내 블로그 상태를 파악할 수 있는 아래의 사이트를 활용해 내 블로그 지수를 수시로 체크해보자. 자신의 현재 블로그 수준을 알아야 키워드를 어느 선에서 선정을 해야 하고 어떻게 포스팅을 하면 좋을지와 관련된 운영 전략을 짤 수 있으므로 아래 사이트의 도움을 받아보도록 하자.

1) 헬프리치(helprich2.cafe24.com)
블로그 지수분석 탭 클릭 후 자신의 네이버 아이디만 입력하면 키워드별 노출 순위를 일목요연하게 확인할 수 있다. 회원가입 로그인 필요 없이 바로 이용이 가능하다.

〈이미지출처〉 헬프리치 사이트

2) 바루다(baruda.co.kr)

사이트 접속해 회원가입 하면 본인 아이디에 한해 1 일 1 회 블로그 지수 조회가 가능하다.

〈이미지출처〉 바루다 사이트

3) 블로그 차트(www.blogchart.co.kr)

사이트에 접속해 회원가입 시 자신의 블로그 순위를 알 수 있다.

〈이미지출처〉 블로그 차트

4) 네이버비(naverb.com)

블로그 분석 및 진단 서비스로 해당 블로그의 정보 및 게시글 상태를 파악해 최적화 여부 및 블로그 상태를 알려주는 진단 서비스. 약 95%에 가까운 정확도를 나타내며 나 역시 해당 사이트를 블로그 지수 파악을 위해 활용하고 있다. 하지만 유료로 운영되는 사이트이므로 좀 더 정확한 데이터가 필요할 경우 유료로 활용해보기 바란다.

〈이미지출처〉 네이버비 메인 화면

블로그 상위노출 전략

블로그 상위노출을 위한 전략(1) – 제목 정하기

블로그 상위노출을 하기 위한 전략으로 '제목 정하기'에 대해 이야기해보려고 한다. 제목을 정하는 것도 키워드를 선정하는 것만큼 중요하기 때문에 아래와 같은 방식을 참고해 적용해보자.

1. 제목은 15~20자 정도로 만들 것

2. 제목 맨 앞에 노출하고자 하는 핵심 키워드를 삽입할 것

메인키워드 : 남자화장품선물

제목 : 남자화장품선물 이걸로 했더니 남자친구가 좋아해요 등

메인키워드 : 탈모샴푸

제목 : 탈모샴푸 미리미리 관리하기 위해 매일 사용하고 있어요 등

3. 제목에 키워드를 여러 번 반복하지 말 것

제목에 키워드를 여러 번 반복할 경우 오히려 노출에 있어 역효과가 날 수 있다. 많아도 최대 2번까지만 나오도록 하고 그 이상 나오지 않도록 제목을 짓자.

ex. 남자샴푸추천 00 탈모샴푸 저자극샴푸로 좋아요

→ 남자샴푸 0000 탈모예방에 좋아서 매일 쓰는 중

4. 제목에 특수문자를 사용하지 말 것

제목에 특수문자를 사용하면 검색 키워드로의 인식이 되지 않을 수 있고 상위 노출에 밀릴 수 있다. 제목 제일 앞쪽 혹은 핵심 키워드에 특수 문자 넣는 것은 피하는 것이 좋으니 제목을 지을 때 참고하자. [],{},〈〉,!, 등의 특수 문자는 제목에 절대 사용하지 말 것.

5. '추천'이라는 키워드는 가급적 사용하지 않기

추천이라는 키워드를 사용하는 사람이 많고 나 역시 다양하게 사용했지만 제목을 지을 때 추천이라는 키워드는 유저로 하여금 광고로 보일 수 있는 우려가 있어 차라리 제목을 지을 때 추천 대신 ~하는 법, ~하는 이유, ~하는 노하우 등 호기심을 불러일으켜 한 번이라도 더 클릭해보게 끔 하는 제목을 지어보자.

블로그 상위노출을 위한 전략(2) - 본문 작성

제목을 정했다면 이제 본문을 작성할 차례. 본문을 작성할 때도 아래의 내용에 유념해 포스팅을 진행해보자.

1. 제목에서 작성한 핵심 키워드와 서브 키워드를 본문에도 적절히 넣어줄 것.

핵심 키워드 및 서브 키워드는 3 회~7 회 정도 반복해주는 것이 좋고 그 이상 과한 키워드 반복은 문서 누락으로 이어질 수 있기에 주의해야 한다. 키워드를 넣을 때 한 곳에 몰아넣는 것이 아니라 본문 전체적으로 자연스럽게 녹이는 것이 중요하며 키워드를 안보이는 글씨로 숨겨서 다량으로 넣는 경우가 있는데 이는 블로그 봇에 의해 적발될 수 있기 때문에 가급적 삼가는 것이 좋다. 앞서 이야기했듯 키워드가 몇 번 정도 작성이 되었는지 쉽게 확인하고 싶다면 아래의 키워드 분석기 사이트를 활용해보기 바란다.

키워드 분석기

https://app.illustudio.co.kr/keyword-checker

2. 너무 짧지 않게 본문은 1,000자 이상 작성

3. 제목 키워드와 본문의 내용이 일치하게 글을 작성할 것

제목 키워드와 무관한 내용의 본문을 작성한다면 낚시로 인한 저품질이 될 우려가 있고 체류시간이 떨어질 수 있기 때문에 제목 키워드와 본문 내용은 반드시 일치하게 포스팅 진행하는 것이 좋다.

4. 이미지는 10장 이상, 동영상/움짤 등도 적절히 활용

사실 이미지 수가 적다고 노출이 안되는 것은 아니지만 우리는 상위노출이 주요 목표이기 때문에 최소 사진 장수를 넣어 포스팅을 하는 것이 좋다. 이미지는 10장 이상으로 동영상과 움짤도 같이 곁들여 포스팅을 진행하는 것을 권장한다. 이미지수가 많건 적건 상관없다. 하지만 상위 노출을 위해서는 상위 노출된 블로거의 사진 장수, 동영상, 움짤 수 등을 벤치마킹해 그 이상은 포스팅할 필요는 있다 라고 보면 된다.

단, 글 주제와 맞는 본인이 직접 찍은 이미지를 활용하고 이미지를 재 활용할 경우엔 사용한 이미지를 편집해서 활용하는 것이 좋다. 이미지 저작권이 걱정된다면 네이버 포스팅할 때 우측 상단에 있는 글감을 이용하거나 픽사베이 등 저작권 우려가 없는 사이트를 활용해보도록 하자.

〈이미지〉 네이버 블로그 [글쓰기]로 들어가 우측 상단을 보면 '글감'메뉴를 확인할 수 있다

5. 블로그 글 수정은 30분 이내로 할 것.

보통 블로그는 글을 쓰고 30분 이후에 반영되는 경우가 많다. 그래서 수정을 하더라도 반영이 되기 전에 수정하는 것이 좋다. 하지만 그 이후에 수정을 진행할 거라면 잘못된 정보에 대한 수정, 오타에 대한 가벼운 수정은 무관하지만 상위노출을 위해 계속해서 수정을 할 경우엔 문제가 될 수 있다는 점은 유념에 두자.

6. 블로그 글 발행 시간은 내 통계를 기반으로 정하자.

블로그 글 발행 시간 역시 중요하다. 사람들이 가장 많이 보는 시간대에 포스팅을 발행하는 것이 좋기 때문이다. 물론 어떤 주제의 글을 작성하느냐에 따라 달라질 수 있겠지만 본인 블로그 통계에 들어가 요일별 분석, 시간대별 분석을 통해 어느 시간대에 사람들이 가장 많이 접속하는지 확인 후 그 시간대에 맞춰 발행하는 것이 좋다. 정해진 발행시간은 없지만 가급적 본인의 블로그에 방문하는 유저들이 어느 시간대에 많이 방문하는지 그 통계를 기반으로 발행시간을 참고해보는 것이 가장 좋다.

블로그 운영 전략

1. 자신의 수준에 맞는 키워드를 잡고 꾸준한 블로그 운영

자신의 블로그 수준 및 현황을 파악하고 그에 맞는 키워드를 추출해 블로그를 꾸준히 운영하는 것이 좋다. 위에서도 여러 번 말했듯 처음부터 본인의 수준에 맞지 않는 경쟁이 높은 키워드를 잡고 블로그를 운영하면 열심히 글을 작성했는데 유입자도 없고, 상위노출 또한 안 될 것이 분명하기 때문이다. 자신의 수준에 맞는 적절한 키워드로 포스팅을 하면서 어느 수준의 검색량을 가진 키워드로 포스팅을 진행했을 때 노출이 되고 방문자가 유입이 되는지 꾸준히 분석해보는 과정을 거치자.

2. 벤치마킹

블로그를 처음 운영하는 사람이라면 벤치마킹도 꽤나 중요하다. 나 역시도 블로그를 처음 시작할 때 아무것도 모르고 블로그를 운영해 그 당시 사진 찍는 방법이라든지 글 쓰는 방법 등 모든 것이 서툴렀다. 그럴 때마다 나와 같은 분야의 블로거들은 어떻게 블로그를 운영하고 있는지 참고하면서 감을 잡았던 것 같다. 나와 같은 분야의 블로그를 운영하는 사람들의 글 쓰는 방법, 톤앤매너, 사진 촬영 방법 및 구도, 프로필 소개글, 상단 프로필 디자인 등을 종합적으로 참고해보면 블로그 운영에 많은 도움이 될 것이다.

3. 이웃관리, 댓글관리

블로그를 운영할 때 이웃과의 소통도 꽤나 중요하다. 하지만 아무리 이웃관리와 소통이 중요하다고 한 들 나와 전혀 무관한 분야의 사람들과 이웃을 맺고 소통하기 보다는 내 분야 및 관심사가 비슷한 사람과의 이웃을 맺고 지속적인 교류를 하는 것이 좋다. 요즘엔 카카오오픈채팅방 혹은 카페에 '블로그 품앗이' 등의 키워드로 검색해도 블로그 품앗이하는 방들이 많으니 적재적소에 활용해보자. 그 외 하루에 조금이라도 시간을 투자해 5~10명 정도 이웃을 맺고 지속적으로 댓글을 통해 교류하는 등 이웃 관리와 댓글관리를 블로그 하는 동안 꾸준히 하도록 하자.

4. 블로그 체류 시간 체크

다이아 로직에서는 블로그 체류 시간이 중요하다고 여럿 이야기했다. 블로그를 처음 운영할 경우 유저로 하여금 체류 시간을 높일 수 있는 양질의 컨텐츠를 계속해서 발행하는 것이 좋다. 이는 블로그 통계를 누르고 [내 블로그 통계-방문분석-평균 사용 시간]을 통해 확인이 가능하다. 보통 2분 30초 이상의 체류 시간이 가장 좋은 체류 시간이니 수시로 체크해보고 양질의 컨텐츠를 발행해 유저들이 좀 더 오래 머무를 수 있는 컨텐츠를 제작해보면 어떨까. 체류 시간을 늘리기 위한 방법 중 하나로 자신이 발행하고자 하는 포스팅 중간 혹은 하단에 참고할 만한 글로 다른 사이트 글보다는 본인 블로그 포스팅 내 글을 링크로 삽입해주는 것이다. 그러면 내 블로그를 계속 타고 타고 들어가면서 유저가 머무르는 시간이 길어질 수 있다. 예를 들어 제모 관련 포스팅을 진행한다고 했을 때 그것이 5 회차 후기면 포스팅 제일 하단 혹은 중간에 이미 포스팅 해 놓은 1 회차, 3 회차 내 블로그 링크도 같이 넣어주는 방식이다.

> ❝
> *기존 새치염색삼푸*
> *포스팅은 아래 링크를*
> *참고하길 바란다*
> ❞

닥터방기원 1분 블랙 삼푸
https://blog.naver.com/hun_bright/222849219578

모다모다 샘플 사용 후기
https://blog.naver.com/hun_bright/222454241749

모다모다 본품 3주 사용 후기
https://blog.naver.com/hun_bright/222474156723

〈이미지〉 본문 상단 혹은 하단에 연관된 포스팅 링크를 걸어주는 모습

평균사용시간 ↑   〈 2022.10.25. ⬜   일간 주간 월간

2022.10.25 기준
3m 21s

⬤ 전체   피아웃   서울아웃   기타

〈이미지〉 블로그 관리-통계 메뉴를 통해 [평균사용시간]을 체크할 수 있다

5. 포스팅 하려는 키워드의 최신 작성글 체크

블로그는 최신 작성글이 많으면 많을수록 그만큼 내가 노출되기
가 힘들다는 말과도 같다. 내가 작성하려는 키워드로 네이버에
검색을 먼저 해보고 최상단에 최신 작성글이 얼마나 있는지 그
여부를 판단하여 블로그 포스팅을 하는 것도 상위노출에 있어
중요하다.

〈이미지〉 네이버에 [남성청결제추천]으로 검색 시 상단에 있는 글 대부분이 최
신 발행글이다. 키워드로 상위노출된 글의 최신 발행글이 많다는 것은 그만큼
해당 키워드의 경쟁률이 높다는 뜻과 같다. 때문에 최신 발행글 수가 상단에 어
느 정도 분포되어 있는지 포스팅 전 체크해보는 과정 역시 중요하다

6. 하나의 메인 분야를 정해 꾸준히 포스팅

나 같은 경우 뷰티를 메인으로 포스팅을 진행하되 나머지 서브 주제는 일상, 패션 등 포스팅을 진행하고 있다. 서브 주제보다 메인 주제가 더욱 부각되게끔 비율을 높여 포스팅하는 것이 추후 네이버 인플루언서 선정은 물론 협찬, 체험단 선정이 되기에 가장 좋은 조건이 될 수 있으니 유념해두자.

7. 꾸준한 키워드 분석

키워드 분석을 해야 방문자수도 늘어날 수 있고 상위노출의 기회도 잡을 수 있다. 무턱대고 블로그를 운영하기 보다는 자신에게 맞는 키워드를 찾고 더 확장하기 위한 전략으로 키워드 분석을 꾸준히 해야만 한다. 이것도 블로그를 운영하다 보면 계속해서 키워지는 능력이니 꾸준한 키워드 분석을 해보도록 하자.

블로그 글
어떻게 써야하나요?

사실 블로그 글쓰기 노하우라는 것은 쓰면서 익히는 것이지 단번에 익힐 수 있는 부분은 아니다. 처음에 블로그를 운영할 때는 누구나 사진 찍고 글을 쓰는 시간이 오래 소요되는 건 당연하다. 나 역시 그랬으니 말이다. 하지만 계속해서 포스팅을 하다 보면 나만의 노하우를 터득하게 될 것이고 기존에 1시간 이상 작성했던 글도 그 시간이 점점 단축되는 것을 느낄 수 있을 것이다.

아래는 내 경험을 바탕으로 한 블로그 글쓰기 노하우를 정리해 본 것이니 참고해보고 무엇보다 올바른 방법으로 꾸준히 블로그 글쓰기를 실행해 보길 바란다.

글을 잘 못쓰더라도 일단 시작해라

항상 실행하는 것이 중요하기 때문에 '~하지 못해도 일단 시작 해라' 라고 이야기를 많이 한다. 첫 술에 배부를 수 없다. 하면서 그 감을 익히는 것이기 때문이다. 내가 처음에 블로그를 운영할 당시에도 글을 잘 써서 블로그를 시작한 것은 아니었다. 단순히 내가 좋아하는 화장품 관련 정보를 많은 사람들과 나누기 위해 시작한 것이다. 지금에 와서야 익숙하게 블로그를 운영하고 있지만 13년 전 내 블로그 글들을 보면 너무나도 미숙하다. 어쨌든 글을 잘 못쓰더라도 일단 시작해보면서 그 감을 익히는 것이 좋으므로 하루라도 빠르게 블로그를 시작해보자.

이야기 하 듯 써라

사람들이 궁금해하는 것은 내 경험이다. 그러니 어떤 글을 쓰더라도 내 경험을 친구에게 이야기하듯 쉽게 풀어 쓰면 된다. 포스팅을 할 때 단순히 상품 정보, 협찬과 관련된 딱딱한 글만 쓰게 되면 사람들로 하여금 오래도록 내 글을 읽게끔 할 수 없다. 그러므로 사람들이 궁금해할 만한 나의 정보와 경험, 노하우를 나누고 공유하겠다는 생각으로 글을 써보자.

누구든 이해할 수 있는 글을 써라

블로그 포스팅을 할 때는 나만 아는 전문 용어를 사용하기 보다는 글을 읽는 유저 타겟으로 하여금 쉽게 읽히게 끔 하는 글을 쓰는 것이 좋다. 즉, 초등학생이 봐도 이해하기 쉬운 글을 쓰라는 것이다. 어려운 내용이더라도 그것을 쉽게 풀어 누구든 내 글을 봤을 때 쉽게 이해할 수 있도록 글을 작성해보자.

맞춤법 검사를 꼭 하라

블로그 내에서도 맞춤법 검사를 할 수 있다는 것은 위의 '가독성 좋은 포스팅' 작성하는 팁에서 이미 언급한 바 있다. 블로그 글을 쓰다 보면 나도 모르게 오타가 나올 수 있는데 오타가 나오면 나올수록 신뢰성을 떨어뜨리기 쉽다. 블로그 포스팅 작성 후 최종 발행 전 맞춤법 검사를 통해 오타 없는 글을 작성하도록 노력해보자.

벤치마킹 하라

이달의 블로그라든지 상위노출이 되고 있는 블로거, 나와 같은 분야의 블로그를 운영하고 있는 사람들은 어떻게 글을 쓰고 있는지를 즐겨찾기 해 고 수시로 벤치마킹해보는 것도 블로그 글쓰기에 도움이 될 수 있다. 벤치마킹이라는 것은 그 사람이 작성하는 글을 참고하라는 뜻이지 완전히 베껴 운영하라는 것은 아니다. 나도 처음에 블로그를 운영하다가 이 방향이 맞는건지 의심이 들 때면 타 블로거의 글과 사진 그리고 구성 등을 수시로 벤치마킹 하면서 좋은 것은 반영해보면서 블로그를 운영했다. 블로그를 갓 시작한 사람이라면 벤치마킹을 통해 내 블로그를 계속해서 발전시켜 나가보면 어떨까.

블로그 할 때
알아두면 좋은 사이트

✔ 포토스케이프 : 사진 무료 편집 프로그램으로 블로그 사진 보정이 필요할 시 포토스케이프로 사진 보정을 진행하면 좋다.

✔ 미리캔버스 : 포토샵을 다룰 줄 모르는 디자인 쌩 초보도 미리캔버스를 활용하면 블로그 썸네일 제작, 홈페이지형 블로그 디자인 만들기, 블로그 스킨 제작 등을 굉장히 쉽게 할 수 있어 유용하다.

블로그
효과적인 성장법

블로그 운영 시
이건 절대 하지 마세요

✔ 협찬 문구 표기 안 하는 행위

업체로부터 물품 서비스 기타 금전적 지원을 받았을 때는 하단
에 반드시 협찬 문구를 표기해야 한다.

ex. 해당 업체로부터 제품or서비스만을 무상 제공받아 작성한 포스
팅입니다 / 해당 업체로부터 제품과 소정의 원고료를 지급받아 작성
된 포스팅입니다 등

✔ 비 체험 원고 문서, 기자단, 블로그 대여

업체에서 전달받은 원고를 본인이 직접 체험한 것처럼 올리는 행위는 절대 금지. 노출에 불이익이 있을 수 있고 장기간 진행할 경우 저품질이 올 수 있다. 혹여 블로그 저품질이 오게 될 경우 깔끔히 저품질 블로그를 포기하고 새로운 블로그를 개설하여 운영하는 것이 빠르다.

✔ **의료법 위반, 도박 사행성, 다이어트 약 홍보글, 유해한 단어가 들어간 포스팅을 올릴 경우 저품질이 될 확률이 높음**

✔ **체험단 글만 작성하는 행위**
블로그 품질 결정은 앞에서도 여럿 강조했듯 조회수와 체류 시간이 중요하다. 체험단으로 협찬 글만 작성되어 있을 경우 블로그 글을 유심히 보지 않고 이탈할 확률이 그만큼 크다. 협찬글을 작성하는 것이 나쁘다는 것은 아니지만 가끔은 유저로 하여금 내돈내산 리뷰라든지 하나의 소재에 대해 다양한 정보를 제공하는 양질의 컨텐츠를 작성하는 것이 좋다. 심지어 협찬글을 작성하더라도 단순 협찬글이 아닌 유저가 내 글을 보고 무언가를 얻어갈 수 있게 끔 정보성 내용도 함께 적어주면 좋다.

✔ **과도한 링크 삽입 또는 타 사이트로의 링크 삽입**

네이버 블로그는 다른 곳으로의 유입을 싫어하므로 가급적 네이버 링크를 걸어주는 것이 좋다. 물론 타 사이트 링크를 삽입해도 상관은 없지만 링크를 너무 많이 걸거나 과한 광고, 홍보성 링크를 계속해서 삽입하는 행위는 지양하는 것이 좋다.

✔ **실시간 급상승 키워드 사용**

블로그는 인위적이고 비정상적인 패턴을 빠르게 감지한다. 실시간 급상승 키워드를 사용할 경우 조회수 조작으로 판단할 우려가 있으므로 가급적 금한다.

✔ **내가 직접 찍은 사진이 아닌 퍼온 사진을 올리는 행위**

✔ **본문에 전화 번호 개인 정보 노출 금지**

블로그가 처음인데
어떤 글부터 써 나가면 좋을까요?

　블로그를 처음 시작할 때 어떤 글을 써 나가야 할지 모르겠다
는 분들이 많다. 블로그 초기 단계에는 협찬이라든지 체험단을
신청해도 선정될 확률이 굉장히 낮다. 그렇다고 글을 작성하지
않은 채 블로그를 그대로 방치해 둘 수만은 없다. 먼저 내가 하
고자 하는 메인 분야를 정했다면 메인 분야 위주의 포스팅을 진
행한다. 예를 들어 그 분야가 화장품이라면 내가 지금 사용하고
있는 제품들의 리뷰부터 적어 나가보는 것이다. 오히려 협찬 글
보다는 #내돈내산 리뷰가 진정성 때문에 노출이 될 확률이 높다.
제품의 한계가 있다하면 내가 좋아하는 분야의 유튜브 영상을

끝까지 보고 그것을 캡쳐해서 배운점이라든지 느낀 점을 포스팅으로 작성해 봐도 좋다. 단, 초기에는 자신의 메인 분야로 꾸준히 포스팅을 하되 내 수준에 맞는 키워드(초보 블로거의 경우 처음에는 낮은 수준의 키워드로 잡고 시작)를 잡아 노출여부로 내 현 상태를 파악해보면서 수준을 올려 나가는 것이 중요하다. 일단은 갓 블로그를 만들었을 경우 메인 주제로 꾸준한 포스팅을 해 어느 정도 컨텐츠가 쌓이고 활성화되는 과정이 필요하기 때문에 초기엔 1일 1포스팅을 진행하는 것을 권장한다. 위에서 말했듯 어쨌든 블로그는 해당 키워드로의 상위 노출이 되고 내 블로그에 방문자가 많아져야 블로그를 운영하는 의미가 있고 지속해 나갈 수 있는 힘이 되니 계속해서 분석해 나가는 과정이 필요하다.

이런 글 썼더니
조회수가 올라갔다

　사실 나는 메인 블로그와 동시에 세컨 블로그를 운영하고 있는데 그 블로그에 매일 포스팅을 하는 것은 아니고 #내돈내산 혹은 사람들이 궁금해할 만한 소재로 가끔 포스팅을 진행한다. 블로그를 개설한지 2년이 되지 않았는데 체류시간도 꽤 긴 편이고 메인 블로그를 운영하면서 알게 된 노하우로 뜨문뜨문 블로그를 운영함에도 최적화 블로그로 어느 정도 활성화가 되어 노출도 잘되는 편이다. 세컨 블로그를 운영하면서 느꼈던 건 내돈내산 컨텐츠의 조회수가 은근 높으며 체류시간도 길다는 점. 보통 블로거들은 블로그로 제품 협찬을 받으면 대부분 좋다는 식으로 후기를 쓴다. 그러다 보니 내가 유저로 정보를 찾는 입장에서도 블로거를 잘 믿지 않게 되었다. 그래서 만든 것이 세컨 블로그. 내돈내산 블로그로 내 경험담이라든지 제품을 사용하면서 솔직한 이야기를 주로 담았더니 찾아오는 사람도 은근 많고 게시글당 체류시간도 길어지면서 상위노출에 오래 머물러 있는 것을 확인할 수 있었다. 세컨 블로그도 메인은 뷰티인데 간혹 내 일상이나 물건에 대한 후기를 올리곤 한다. 예를 들면 대장내시경 후기, 사랑니 뽑은 후기, 구찌 팔찌 구매 후기, 갈변 샴푸 솔직후기, 약국기미연고 2주 사용해 본 후기, 나이키 신발, 구찌 카드지갑 등의 포스팅들이 은근 조회수와 체류시간이 높았다.

이를 보면서 내돈내산 솔직한 리뷰를 사람들이 목말라 한다는 것과 나라도 찾아볼 것 같고 궁금해할 만한 주제들(사랑니 발치 후기, 대장내시경 후기, 기미 레이저 후기, 레이저 제모후기 등), 브랜드 사에서 협찬을 아예 진행하지 않아 내돈내산 후기가 아니면 찾아보기 힘든 리뷰들이 내 블로그 수준과 맞는 키워드로 포스팅을 했을 경우 조회수가 터지는 경우가 많다는 것을 직접 경험함으로써 깨달을 수 있었다.

 이는 자신의 입장만 생각해봐도 쉽다. 사랑니 발치 병원을 알아볼 때, 혹은 라식수술을 하기로 마음먹었을 때 수술 후기를 사전에 여러 개 찾아보지 않는가. 오히려 나와 연관된 상황들-고가의 제품을 구매하려 할 때, 시술, 수술 등을 앞두고 사전에 관련 정보를 알아보는 것들-과 관련해 이미 그것들을 경험해본 블로거들의 후기를 블로그에 오래 머무르면서 읽는 것처럼 말이다.

 다시 한번 정리하자면 유저가 어떤 것을 검색해 볼 지, 어떤 정보를 원할지, 어떤 것을 궁금해할지를 항상 염두에 두고 포스팅을 진행하면 체류시간을 늘릴 수 있음은 물론 그 이후에도 내 블로그를 재방문해주는 사람들 역시 많다. 협찬 체험단 후기도 좋지만 유저들이 궁금해할 만한 내용들에 대해서 솔직 담백하게 진정성 있는 양질의 포스팅을 해 나가보면 어떨까.

네이버가 말하는
좋은문서/나쁜문서

아무래도 블로그는 네이버에 속해 있는 채널이기 때문에 네이버에서 발표하는 것들에 귀 기울일 필요가 있다. 네이버에서 말하는 좋은 문서, 나쁜 문서 유념에 두고 블로그 포스팅을 한다면 훨씬 유리하니 아래 내용을 참고해보도록 하자.

[좋은 문서]
네이버 검색이 생각하는 좋은 문서를 설명합니다. 네이버는 다음과 같은 문서들이 검색결과에 잘 노출되어 사용자는 검색 결

과에 유용한 정보를 얻고 콘텐츠 생산자는 노력에 합당한 관심을 받을 수 있도록 하기 위해 노력하고 있습니다.

✔ 신뢰할 수 있는 정보를 기반으로 작성한 문서

✔ 물품이나 장소 등에 대해 본인이 직접 경험하여 작성한 후기 문서

✔ 다른 문서를 복사하거나 짜깁기 하지 않고 독자적인 정보로서의 가치를 가진 문서

✔ 해당주제에 대해 도움이 될 만한 충분한 길이의 정보와 분석 내용을 포함한 문서

✔ 읽는 사람이 북마크하고 싶고 친구에게 공유/추천하고 싶은 문서

✔ 네이버 랭킹 로직을 생각하며 작성한 것이 아닌 글을 읽는 사람을 생각하며 작성한 문서

✔ 글을 읽는 사용자가 쉽게 읽고 이해할 수 있게 작성한 문서

[나쁜 문서-유해문서와 스팸 어뷰징문서]

유해문서

✔ 음란성, 반사회성, 자살, 도박 등 법률을 통해 금지하고 있는 불법적인 내용으로 이루어져 있거나 불법적인 사이트로의 접근을 위해 작성된 문서

✔ 사생활 침해 방지 또는 개인 정보 보호, 저작권 보호 등을 위해 노출이 제한되어야 하는 문서

✔ 피싱(phishing)이나 악성 소프트웨어가 깔리는 등 사용자에게 피해를 줄 수 있는 문서/사이트

스팸·어뷰징문서

기계적 생성

검색 노출을 통해 특정 정보를 유통하기 위한 목적으로 기계적 방법으로 생성된 내용으로만 이루어진 문서입니다.

✔ 기존 문서를 짜깁기하거나 의도적으로 키워드를 추가하여 생성한 문서

✔ 사람의 개입 없이 번역기를 사용하여 생성한 문서

✔ 검색결과 등의 동적 문서를 기계적으로 처리하여 생성한 문서

※기계적으로 만들어진 문서의 유형은 다양하지만 이를 파악해 분석하는 기법도 계속 발전하고 있습니다. 기계적으로 생성되는 문서는 교묘하게 패턴을 바꾸더라도 자연스럽지 않은 흔적들이 발견되기 때문에 이런 흔적들을 축적해 계속 차단하고 있습니다.

✔ 클로킹(cloaking): 검색 엔진에서 인식되는 내용과 실제 사용자 방문시의 내용이 전혀 다른 문서/사이트

※ 액션영화를 보면 종종 CCTV 모니터에 미리 찍은 화면이 보이게 하는 범죄 수법이 나오는데, 클로킹도 이와 유사합니다. 검색엔진에 보내는 url 과 실제 이용자들이 방문하는 url 이 전혀 다르게 하는 수법이 클로킹입니다. 저희는 클로킹을 발견하는 즉시 제외하고 있습니다.

✔ 숨겨놓은 키워드 : 폰트 크기를 0 으로 하거나 매우 작게 하는 것, 바탕색과 같거나 매우 유사한 글자색을 사용하여 보이지 않는 텍스트로 키워드를 채워 넣은 문서,글 접기 기능(네이버블로그 글 작성시 '요약'기능)으로 키워드를 숨겨놓는 등 키워드가 검색 사용자에게 보이지 않도록 숨겨놓은 것.

✔ 강제 리다이렉트(redirect) : 위젯(widget)이나 스크립트

(script) 등을 사용하여 질의와 상관없는 목적 사이트로 사용자를 강제로 이동시키는 문서/사이트

✔ 낚시성 : 사용자의 검색 의도와 관계 없는 내용을 검색결과에 노출시키기 위해 의도적으로 특정 키워드들을 포함하여 게시한 문서

✔ 복사 : 뉴스/블로그/게시판/트위터 및 기타 웹 페이지의 내용을 단순히 복사하여 독자적인 정보로서의 가치가 현저히 낮은 문서

✔ 도배성 : 동일한 내용을 단일 블로그 또는 여러 블로그에 걸쳐 중복해서 생성하는 경우

✔ 조작행위 : 여러 ID를 사용하여 댓글을 작성하거나 방문하여 인기가 높은 것처럼 보이도록 하는 등의 조작 행위를 하는 경우

✔ 키워드반복 : 검색 상위 노출만을 위해 제목이나 본문에 의도적으로 키워드를 반복하여 작성한 문서

✔ 신뢰성부족 : 상품이나 서비스에 대한 거짓 경험담으로 사용자를 속이는 문서

〈출처〉 네이버 검색이 생각하는 좋은 문서! 나쁜 문서?, 작성자 : 네이버 다이어리

기타 네이버 블로그를 운영하시는 분들이라면 아래 네이버 공식 블로그를 통해 업데이트 되는 다양한 정보를 수시로 확인해보자.

https://blog.naver.com/naver_diary

블로그 운영 시
꼭 기억하세요

블로그 운영 시 꼭 기억했으면 하는 부분을 내 경험에 빗대어 이야기해 보고자 한다. 나도 처음에 아무것도 모른 채 화장품이 좋아서 블로그를 시작하게 되었다. 하지만 그 당시 C 랭크의 적용을 받아 해당 분야로 꾸준히 블로그를 운영한 블로거에게 상위 노출의 기회를 부여했다. 나는 그 로직에 의해 대부분의 글이 상위 노출이 되었다. 하지만 사람의 마음이라는 것이 참 간사하다. 재미로 시작했는데 돈이 되면 더 많은 돈을 벌기 위해 유혹에 쉽게 빠지지 않던가. 나 역시도 그랬다. 블로그 로직이 제일 싫어하는 기자단의 유혹에 빠져버리고 만다. 지금도 가장 후회하는 부분이긴 하지만 돌이킬 수 없기 때문에 이제는 두 번다시 기자단은 진행하려고 하지 않는다. 그 당시엔 블로그를 하나하나 공부하면서 운영한 것이 아니었고 어느 정도 꾸준히 운영하다 보니 상위노출이 되면서 수익까지 쏠쏠했었기에 기자단의 유혹에 빠져서 안된다는 것도 너무 늦게 알아버린 것(지금에 와서야 기자단 의뢰를 하는 곳도 노출의 문제가 없게 사진도 보정해서 주고 한다고는 하지만 안 좋은 것은 최대한 피하는 것이 꾸준한 블로그 운영에 있어서 좋다). 아무튼 나는 기자단을 통해 업체에서 제공하는 사진을 마치 내가 체험한 것 마냥 글을 올리는 활동을 계속하였다. 이는 블로그의 로직을 거스르는 행위이기도 하다. 내가 체험하지 않은 것을 체험한 것 마냥 편집도 없이 업체에서 주는 사진과 글을 그대로 올렸기에 1 주일 만에 네이버 봇에 의해 적발되게 되고 그 이후 블로그는 하락기를 맞이하게 된다. 블로그는 앞서 반복해서 이야기했듯 유저로 하여금 체류시간을 늘릴 수 있는 본인이 직접 체험하고 경험한 양질의 글을 선호한다고 했다. 항상 염두에 두고 블로그를 운영하라.

이로서 얻게 된 교훈은 다음과 같다. 절대 돈을 좇지 말자. 즐기면서 하다 보면 결국 돈이 된다. 블로그를 하다 보면 어느 순간 블로그가 활성화되면서 갑자기 많은 수익이 들어올 수 있다. 하지만 갑자기 많은 수익이 생겼다고 해서 수익만을 너무 좇지 말길 바란다. 수익만을 좇게 되면 힘들게 키워온 블로그가 언젠가는 망하게 되어 있다. 돈이 들어올수록 오히려 더 경계하고 초심을 잃지 말고 블로그를 운영하려는 자세가 필요하다. 물론 지금 당장 블로그를 운영하는 것 자체가 여러분들께 아무런 득이 되지 않을 수 있다. 하지만 재미로 끈기를 가지고 꾸준히 운영하다 보면 어느새 돈이 뒤따라오고 다양한 기회들이 생길 것이니 너무 조급하게 생각하지 말고 급할수록 돌아가길 바란다.

✔ 블로그를 운영하는 나만의 목적을 생각하라
: 돈보다는 사람들에게 가치 있는 양질의 정보를 주겠다는 생각 등

✔ 업체에서 사진과 원고를 줄 테니 글을 올려 달라는 기자단은 절대 응하지 말 것. 블로그에 아무런 문제없다고 이야기해도 절대 믿지 말 것.

✔ 어쨌든 네이버는 본인의 경험이 담긴 양질의 블로그 컨텐츠를 좋아한다. 유저들로 하여금 오래 머무를 수 있는 양질의 글을 발행하려고 노력하라.

✔ 돈을 좇지 말 것. 돈을 좇게 되면 힘들게 키워온 블로그가 언젠간 망하게 된다. 새롭고 유용한 정보들을 필요로 하는 많은 이들과 나누겠다는 생각으로 꾸준히 운영할 것.

블로그로
수익 극대화하기

블로그로
수익 극대화하기

블로그를 어느 정도 운영했다면 이제는 블로그로 수익을 극대화할 차례. 블로그로 수익을 극대화할 수 있는 대표적인 방법을 아래와 같이 소개하고자 하니 하나하나 실천해보도록 하자.

네이버 애드포스트(https://adpost.naver.com/)

〈이미지출처〉 네이버 애드포스트 화면

    네이버 애드포스트는 창작자가 만든 콘텐츠를 광고와 연계해 수입을 창출함으로써 지속적인 창작 동기를 부여하는 창작자 보상 서비스로 창작자는 애드포스트에 가입 후 자신의 미디어를 광고 매체로 활용해 수입을 얻을 수 있다. 해당 미디어에 광고 노출을 선택한 광고주의 광고가 게재되면 노출 및 클릭에 따른 수입을 배분 받을 수 있으며 수입은 회사가 정한 별도 기준에 따라 분배된다. 매체로서 기여도에 따라 광고의 종류, 매체의 성과, 무효 판정 등을 고려해 배분율 또한 달라질 수 있다.

    애드포스트는 누구나 가입할 수 있는 것은 아니고 아래와 같은 기본 조건을 달성한 이후에 신청이 가능하다.

애드포스트 승인 조건

1. 블로그 개설 90일 이상

2. 포스팅 50개 이상

3. 평균 방문자수 100명 이상

애드포스트 신청 방법

1) 애드포스트(adpost.naver.com) 가입 진행 : 애드포스트 가입 시 전체 약관 동의 클릭

** 참고로 애드포스트는 네이버를 이용하는 만 19세 이상의 사용자(개인, 개인사업자, 영리법인) 이라면 누구나 가능

2) [회원인증]을 통해 회원 인증 진행

3) [회원 정보 입력]에서 사용자 정보와 수입 지급 정보 입력

4) 그 이후에 다음 단계 클릭 시 애드포스트 신청이 완료되며 심사까지 약 1~2일 정도 소요

5) 승인이 완료 되었다면 [애드포스트-미디어 관리-미디어 등록]으로 들어가 광고를 삽입하고 싶은 미디어 등록

6) [미디어 정보 입력]에서는 현재 운영하는 미디어 추가가 가능하며 선호 주제는 본인의 메인 주제와 연관된 주제를 선택하면 됨. 그래야 관련된 주제의 광고가 노출되며 애드포스트 수익을 얻을 수 있음

7) 광고를 설정하기 위해서는 [애드포스트-미디어 관리-미디어 설정]에서 등록된 미디어 클릭 후 광고 게재를 설정하면 됨. 이때 애드포스트 광고 게재 설정은 '예', 광고 URL 차단 설정 기능은 '아니오'를 선택

미디어 정보   **미디어 설정**   ×

애드포스트 광고 게재 설정

미디어에 애드포스트 광고를 게재 하시겠습니까?

● 예   아니오

· 애드포스트 광고 게재 여부 선택 후 광고 게재와 중지까지 최대 10분이 소요될 수 있습니다.

광고 URL 차단 설정

광고 URL 차단 설정 기능을 사용 하시겠습니까?

예   ● 아니오

· 게재를 희망하지 않는 광고 URL을 입력하면 해당 광고 URL을 포함한 광고는 미디어에 노출되지 않으며, URL은 최대 50개 까지 지정할 수 있습니다.

확인

애드포스트 수익 지급 설정하기

 애드포스트 수익은 현금 또는 네이버 페이 포인트로 받을 수 있다. 애드포스트 수익 지급 설정은 [애드포스트-내 정보-회원 정보변경-수익 지급 정보]에서 은행 계좌를 입력하고 수입 지급 액을 설정해주면 된다. 최소 지급액은 50,000원 이상, 최대 1천 만원 이하 금액만 입력이 가능하며 수입을 자동으로 지급받기를 선택 후 최소 지급액을 미 입력할 경우 월말 기준 잔액이 50,000원 이상이 될 때 수입이 자동 지급됨을 참고하기 바란다.

애드포스트 수익 올리기 위한 노하우

사실 애드포스트로 수익을 올리기 위한 노하우가 딱 정해져 있다기 보다는 그래도 염두에 두고 블로그를 운영하면 자연스럽게 애드포스트 수익도 함께 올라간다고 생각하고 적용해보면 된다. 애드포스트는 검색하는 사람이 해당 키워드로 본인의 블로그에 들어와 관련 광고 클릭을 했을 때 수익을 얻을 수 있는 구조다. 즉, 블로그에 들어오는 사람이 많고 광고를 보거나 클릭하는 사람이 많다면 수입은 많아진다는 것. 키워드별 애드포스트 광고 단가는 천지차이다. 그렇다고 단순히 내가 잘 알지 못하는 단가가 높은 주제를 메인 주제로 잡고 간다면 블로그를 꾸준히 운영하기가 매우 어려울 것이다. 그러므로 애드포스트 광고 단가는 생각하지 말고 본인이 꾸준히 포스팅할 수 있는 메인 주제를 선택했다면 그것으로 꾸준한 포스팅을 진행하는 것이 베스트.

앞서 이야기했듯 블로그를 갓 시작했을 경우 그만큼 방문자도 없기 때문에 애드포스트 수익이 당장 올라갈 리 만무하겠지만 꾸준히 전략적으로 블로그를 운영해 지수가 높아지고 그 이후에 방문자가 많아진다면 자연스럽게 애드포스트 광고 수익도 높아지는 경험을 할 수 있을 것이다. 방문자를 위해 이슈성 글을 쓰려는 사람도 많은데 이슈성 글은 생명이 짧기 때문에 양질의 정보성 글을 쓰는 노력을 하는 것이 오히려 더 낫다. 잠깐 반짝이고 마는 이슈성 글에 비해 정보성 글은 시간이 지나도 사람들이 꾸준히 유입되기 때문이다.

이를테면 사람들로 하여금 오래 머무를 수 있고 도움을 줄 수 있는 글. 예를 들면 블로그 운영 노하우, 블로그로 돈 버는 노하우, 애드포스트로 돈 버는 방법 등이 될 수 있겠고 그 분야가 뷰티라면 피부 레이저 시술 후기, 제모 시술 후기, 블랙헤드 없애는 꿀팁 등이 될 수 있을 것이다.

나를 생각해보면 네이버에서 어떤 궁금한 내용을 검색했는데 그것이 광고성으로 보이는 글이라면 1분도 안 되어 빠져나가는 경우가 많은데 그 사람의 노하우를 담은 양질의 정보성 글은 꽤 오래 머물러 있으면서 정독하곤 한다. 블로그도 보는 사람의 입장에서 어떤 것을 궁금해하는지 그것을 나의 경험에 빗대어 어떻게 제공해야 할지 생각하고 글을 쓰면 체류시간도 높아지고 그로 인한 애드포스트 수익 역시 높아질 것이다.

정리하면 애드포스트 수익을 올리기 위해서는 내 메인 주제로 꾸준한 양질의 포스팅을 해 많은 사람들을 내 블로그로 유입하도록 만드는 것이 중요하다.

애드포스트 수익 분석하기

애드포스트 수입보고서 및 기간별 노출수, 클릭률은 [애드포스트-보고서] 메뉴를 통해 확인이 가능하니 참고하자.

출판, 강연

요즘 블로그 운영 노하우를 담은 종이책, 전자책, 강의들이 정말 많다. 최근에는 자신이 알고 있는 노하우를 집약해 이러한 형태로 많이 판매하는 추세다. 크몽 사이트에서 '블로그'로만 검색해봐도 선택하기 어려울 정도로 그 노하우를 담은 전자책들이 즐비해 있다. 블로그를 꾸준히 운영하여 내 블로그가 상위노출이 되면서 어느 정도 수익이 쌓이고 그러한 노하우를 남들보다 잘 알고 있다면 단순 블로그를 운영하는 것 외 출판, 강연 활동을 생각해 볼 수 있다.

실제로 펀딩 사이트 와디즈만 보더라도 블로그 관련 전자책이 10~20만원 선에 판매가 되고 있으며 그러한 것들이 1억 펀딩을 달성하는 것을 보면 아직까지는 그 니즈가 있다고 볼 수 있다.

나 역시도 13년 이상 블로그를 운영했고, 그러한 노하우들이 계속해서 쌓여 후발주자라고 할 수 있겠지만 지금에서야 종이책을 쓰고 있다. 이전부터 종이책을 내야지라는 생각을 많이 했었는데 미루고 미루다가 이제야 내는 것을 보면 하루라도 일찍 실행에 옮기는 것이 정말 중요하다는 생각이다. 블로그를 이제 갓 시작했더라도 올바른 방법과 꾸준함으로 빠르게 블로그를 성장시킨 후 출판, 강연의 방법으로 추가 수입원을 노려보면 어떨까.

블로그 포스팅 판매

요즘 프리랜서들이 관련 사이트에서 자신의 재능을 상품으로 업로드해 판매하는 경우가 많다. 그 중 블로그 포스팅 판매라는 것은 자신이 잘하는 블로그 포스팅의 재능을 관련 마켓에서 상품으로 기획해 판매하는 것을 뜻한다. 실제로 나 역시 '크몽' 사이트에 '인플루언서 블로그 포스팅' 상품을 기획해 판매하고 있다. 크몽에서 '블로그 포스팅' 키워드로 검색만 해보아도 다양한 상품들이 노출되니 이것을 벤치마킹하여 나만의 상품을 기획하고 판매해보면 어떨까. 처음 사이트에 업로드를 한다고 하여 바로 판매가 일어나는 것은 아니지만 시간이 지나면 문의가 많이 들어오면서 실제로 상품의 판매가 일어나기 시작한다. 상품이 조금 더 잘 판매가 되길 원한다면 크몽 내 적은 비용으로 광고 집행을 해보는 것을 추천한다. 크몽에 상위로 올라오는 상품들은 구매건수가 많거나 후기가 많은 상품들이 대부분이기 때문에 광고를 통해 노출을 해주는 것도 판매에 있어 중요하다.

 인플루언서가 아니더라도 일반 블로거 또한 분야별 블로그 포스팅 상품을 저렴한 가격에 판매하는 경우도 있으니 인플루언서가 아니더라도 본인의 블로그를 어느 정도 활성화시킨 후 퀄리티 있는 포스팅을 진행하고 있다면 해당 블로그로 포스팅 상품을 기획해서 판매해보면 어떨까. 어떤 상품으로 어떻게 기획하느냐에 따라 그 상품의 가치가 달라질 수 있으므로 진지하게 고민해 나만의 상품을 만들어 올려보자.

카카오뷰 연동

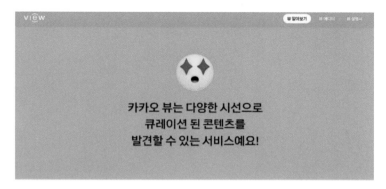

〈출처〉 카카오뷰 홈페이지

위의 이미지처럼 카카오톡을 할 때 가운데 메뉴를 보면 눈 모양을 확인할 수 있다. 해당 메뉴에서 카카오뷰 컨텐츠를 확인할 수 있다. 카카오뷰란 다양한 에디터가 큐레이션(여러 정보를 수집, 선별하고 이에 새로운 가치를 부여해 전파하는 것. 퍼져 있는 정보나 링크를 끌어와 주제별로 묶어 보여주거나 공유해주는 행위)한 콘텐츠를 볼 수 있는 서비스로 직접 본인이 콘텐츠를 만들지 않고도 이미 완성된 뉴스, 블로그 링크, 유튜브 링크를

모아 공유하는 방식으로 참여가 가능하다. 이의 관점을 바꿔 생각해보면 블로그, 유튜브, 네이버 포스트 등을 운영하고 있는 크리에이터라면 2차 바이럴 채널로 활용하면서 동시에 수익을 얻을 수 있다는 것이다.

채널 수익화의 경우 만 19세 이상 에디터, 발행한 보드수 10건 이상, 카카오톡 채널 친구수 100명 이상일 경우 가능하니 별도로 참고해두자.

나 역시도 블로그 컨텐츠를 업로드 한 후 하나의 주제로 묶어 내 블로그 글과 상대방 블로그 글을 큐레이션 해 카카오뷰 컨텐츠를 매일 발행하고 있다. 카카오뷰를 시작한 이후 실제 블로그 방문자 수는 물론 애드포스트 수입 역시 늘어난 것을 확인할 수 있었다. 단순히 하나의 주제로 컨텐츠를 큐레이션해 링크를 모아 발행 버튼을 누르면 되기 때문에 1~2분이면 빠른 발행이 가능하며 예약 기능도 있어 간편하게 예약 발행도 가능하다. 카카오뷰는 누구든 쉽게 가입해 채널을 만들 수 있고 빠르게 컨텐츠 발행도 가능하니 기왕이면 내 블로그 글과 관련된 주제의 상대방 글을 함께 묶어 카카오뷰로 발행해보도록 하자.

요즘 카카오뷰로 컨텐츠를 발행하는 사람들이 워낙 많아 단기간에 높은 수익창출은 힘들겠지만 기왕에 시작할 거라면 기본 수익창출 조건을 달성해 내 블로그 조회수 상승은 물론 부가 수익 창출이라는 두 마리 토끼를 잡아보면 어떨까.

	노출 수	방문자 수	콘텐츠 클릭
발톱무좀 계속해서 악화되고 있다면? 이거쓰세요! 2022.09.24 09:40	13,128	10,437	885
아침에 나는 불쾌한 입냄새 제거해주는 꿀템 2022.10.03 08:20	4,928	4,250	242
실패없는 올리브영추천템 소개해요! 2022.09.21 15:40	4,908	4,433	232

〈이미지〉 실제로 내가 운영 중인 카카오뷰 페이지 노출수, 방문자수, 콘텐츠 클릭수

카카오뷰 채널 개설 방법

1. 채널 개설하기 : 카카오뷰 창작센터에 로그인하고 채널 만들기 클릭

2. 서비스 연동하기 : 채널 마스터의 계정으로 활동하는 카카오의 다양한 서비스를 연동

3. 콘텐츠 담기 : 적합한 탬플릿을 선택하고 내 관점의 콘텐츠를 모아 보드를 완성

카카오뷰 채널 컨텐츠 예시

위와 같이 '아침에 나는 불쾌한 입냄새 제거해주는 꿀템' 이라는 주제를 잡았다면 이와 관련된 컨텐츠를 한데 묶어 링크를 큐레이션 해주기만 하면 된다. 카카오뷰는 사람들로 하여금 눌러보고 싶게 만드는 제목, 그리고 발행 컨텐츠의 썸네일 등이 중요하므로 참고하여 발행해보도록 하자.

체험단, 협찬(원고료)

블로그를 하는 재미 중 하나로 꼽을 수 있는 것이 바로 체험단과 협찬이라고 생각한다. 이 부분도 블로그를 어느 정도 활성화시켜 노려보면 좋다. 체험단과 협찬은 각각 다른 개념을 가지고 있는데 일단 개념부터 짚고 넘어가도록 하겠다.

체험단은 기업이 체험단 플랫폼(레뷰, 블로그 원정대, 리뷰플레이스 등)을 통해 관련 제품의 체험 신청을 받고 신청한 블로거를 직접 선정하는 것을 말하고 협찬은 기업에서 이메일 혹은 쪽지를 통해 다이렉트로 연락해 의뢰를 하며 제품 협찬 외 원고료를 주는 개념이라고 보면 된다. 하지만 체험단이든 협찬이든 블로그를 갓 만들어 컨텐츠가 없는 상태에서는 선발되기가 어렵다. 기본 조건으로 1일 1포스팅을 매일 같이 진행해 메인 주제와 연관된 포스팅 30개 이상을 만들어 놓자. 더 나아가 관련된 주제로 자신을 알릴 수 있는 블로그 타이틀 이미지를 만들거나 레이아웃을 잘 설정해 놓으면 선정확률이 훨씬 높아진다. 방문자는 대략적으로 300명 정도를 기준으로 보고 있지만 300명이 안될 경우에는 지원률이 낮은 체험단을 계속해서 지원하면 된다. 일단 어느 정도 블로그를 운영한 후 체험단 사이트에서 쇼핑하

듯 리스트를 둘러보면서 최대한 많이 신청해보고 선정이 된다면 최선을 다해 리뷰를 해보자. 해당 업체에 좋은 인상을 남길 경우 그 이후에 업체에서 추가 제안이 들어올 수도 있기 때문이다.

단, 체험단 진행 시 마감일자를 어길 경우 블랙리스트로 간주되어 추가적인 체험단 활동 참여가 어려우니 체험단으로 선정이되면 업체에서 주는 가이드라인에 맞춰 양질의 컨텐츠를 작성해 업로드하고 마감기한은 반드시 지키도록 하자.

블로거가 직접 체험단 사이트를 통해 자신이 원하는 제품을 신청하는 체험단과는 달리 협찬은 어느 정도 블로그 지수가 높아 상위노출이 잘되고 메인 주제로 꾸준히 블로그를 운영했을 때 제품과 별개로 원고료도 받을 수 있는 개념이다. 예를 들어 내가 [남자 시계] 관련 키워드로 포스팅을 했는데 상위노출이 되었다면 그 이후 시계 관련 업체로부터 다양한 협찬 메일이나 쪽지를 받아볼 수 있다. 화장품 블로그를 운영하는 나의 경우 [남자 올인원 로션]으로 키워드 상위노출이 되어 있다면 그 이후에 관련 제품으로 제품 협찬 및 원고료가 주어지는 경우가 많았다.

체험단이든 협찬이든 어쨌든 블로그를 계속할 수 있는 원동력과 재미가 되어줄 수 있으니 기왕에 블로그를 운영할 것이라면 꾸준히 전략적으로 운영해 이 모든 것을 동시에 누리면서 즐겁게 블로그를 해보면 어떨까. 체험단 관련 사이트 리스트는 특별 부록에 첨부할 예정이니 참고해 보길 바란다.

네이버 인플루언서

네이버 인플루언서란?

네이버 인플루언서는 20년도에 네이버에서 도입한 체계로 자신의 블로그에 적합한 테마 하나(IT테크, 생활건강, 푸드, 리빙, 뷰티 등)를 설정해 그 분야의 인플루언서가 되면 인플루언서 검색 기능에 검색이 되고 새로운 탭에 노출되는 혜택을 누리게 된다. 과거에는 파워블로거가 한창 성행했었다. 파워블로거의 선정 기준은 정확히 공개된 바는 없지만 블로그의 전문성이라든지 조회 수를 종합적으로 보고 선정했을 것이라고 예상된다. 하지만 이 파워블로거 제도는 네이버가 볼 때 득보다 실이 많아 14년 이후에 폐지가 되고, 그 이후에 생겨난 것이 바로 네이버 인플루언서

라고 보면 된다.

〈이미지〉 네이버 인플루언서 선정 시 제공되는 앰블럼

네이버 인플루언서 혜택&선정 노하우

나의 경우 아무래도 뷰티쪽으로 블로그를 꾸준히 운영했기에 나 정도면 바로 되겠지 라는 생각으로 네이버 인플루언서 신청을 했는데 첫 번째 지원에 탈락하고 큰 충격을 받았다. 당연히 될 것이라고 생각하고 지원했기에 더더욱 충격이 컸던 기억이 있다.

아무리 검색해봐도 네이버 인플루언서가 되는 기준은 네이버에서도 명확히 밝히고 있지 않고 네이버 내 인플루언서 분들의 포스팅을 읽고 참고한 정도가 전부였는데 그들이 공통적으로 말하는 요소들은 다음과 같았다. 전문성, 양질의 글, 이웃수.

 하지만 이 기준은 어디까지나 '~카더라' 이고 정확한 기준은 네이버만 알고 있지 않을까 라는 생각이 든다.

 아무쪼록 첫 지원에 낙담하지 않고 다시 지원을 했고 재지원을 통해 네이버 인플루언서 최종 선정이 될 수 있었다. 내 합격 이유를 다음과 같이 생각하니 참고가 되길 바란다.

 먼저, 뷰티를 메인 주제로 꾸준히 블로그를 운영한 것. 올해 블로그 운영이 햇수로만 13년 차이고, 현재 총 글 발행수가 6천건에 달하고 있으며 토탈 방문자수도 7백만이 넘어가고 있다. 내가 아는 분들의 경우 이웃수가 많지 않고 방문자수 역시 많지 않은 분들도 인플루언서로 선정되어 활동하고 있는 것을 보면 운영연수보다는 한 가지 메인 분야로 꾸준히 글을 발행했을 때 인플루언서로 선정될 확률이 더 높다고 볼 수 있다.

인플루언서로 선정되면 네이버 인플루언서 탭에 내 글이 노출이 되고 나의 닉네임으로 검색 시 내가 노출이 된다. 아울러 '컨텐츠 크리에이터'라는 직업으로 네이버 인물 검색 등록도 가능하며 이 외 일반 블로거와는 달리 프리미엄 광고를 붙일 수 있기 때문에 수익이 몇 배 이상 뛰기도 하고 기타 업체들로부터 많은 협찬 제안이 들어오게 된다. 체험단 사이트에서도 간혹 '인플루언서 체험' 카테고리를 따로 두는 곳이 있는데 이는 제품 협찬과 동시에 소정의 원고료까지 함께 지급하는 경우가 많다.

프리미어 캠페인

블로그 프리미어   인스타그램 프리미어   **네이버 인플루언서**

〈이미지〉 체험단 사이트 '레뷰'에서는 '프리미어 캠페인'이라고 하여 네이버 인플루언서만 따로 신청할 수 있는 캠페인 카테고리가 있다

하지만 현재 네이버 인플루언서 수가 정말 많고 그래서 선발주자가 아닌 후발주자로 선발되었을 경우 상위 노출 기회 라든지 광고 수익이 그렇게 크지 않은 현실. 그럼에도 꾸준함으로 네

이버 인플루언서 타이틀을 거머쥔 것만으로 뿌듯하게 만족하며 활동하고 있다. 어쨌든 성실하게 블로그를 운영했으니 주는 타이틀이니까. 여러분들께서도 네이버 블로그를 개설해 열심히 활동하면서 네이버 인플루언서까지 노려 보다 더 많은 수익을 누려 보길 바란다.

여기서 잠깐!

네이버 인플루언서 선정 시 누릴 수 있는 혜택

1) 광고 혜택

광고의 종류는 총 3가지가 있다. 일반 광고, 프리미엄 광고, 헤드뷰 광고. 각각을 설명하면 다음과 같으니 참고하길 바란다.

일반광고

내 인플루언서 홈, 인플 토픽 본문 영역 또는 블로그 본문 영역에 제공되는 이미지형 광고로 애드포스트 가입 후 내 홈 또는 블로그를 미디어로 등록 시 해당광고가 노출. 단, 광고 노출 소재 운영 상태에 따라 랜덤으로 진행되며 반드시 노출이 보장되지는 않음.

〈이미지〉일반 광고 적용 영역 예시, 출처 : 네이버 인플루언서 센터 공식 블로그

프리미엄 광고

내 인플루언서 홈, 인플 토픽 본문 영역 또는 블로그 본문 영역에 제공되는 이미지/동영상형 광고로 일반 광고 대비 보다 높은 보상이 제공. 현재 프리미엄 광고는 팬 규모/주제별 키워드 챌린지 순위/지속적인 활동 여부 등 서비스 발전에 적극적으로 기여해주는 우수 인플루언서를 대상으로 제공되고 있음. 단, 모든 광고 적용 여부는 소재 운영 상황에 따라 실시간으로 달라질 수 있으며

적용 대상은 내부 기준에 의해 변동될 수 있음.

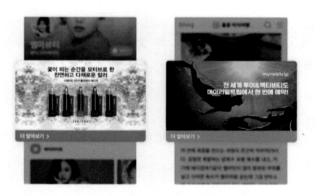

〈이미지〉 프리미엄 광고 적용 영역 예시, 출처 : 네이버 인플루언서 센터 공식 블로그

헤드뷰 광고

내 인플루언서 홈에 연동된 블로그 게시물 최상단 영역에 노출되는 광고로 콘텐츠를 보는 데에 방해되지 않으면서도 주목도가 높아 추가적인 노출과 수익을 기대할 수 있음. 전체 인플루언서 대상으로 적용(22년 7월 중순 반영). 이역시 모든 광고 적용 여부는 소재 운영 상황에 따라 실시간으로 달라질 수 있으며, 적용 대상은 내부 기준에 의해 변동될 수 있음.

〈이미지〉 헤드뷰 광고 적용 예시, 출처 : 네이버 인플루언서 센터 공식 블로그

** 단, 블로그 본문이 스마트에디터 2.0으로 작성되었을 경우 모두 광고 적용
대상에서 제외됨.

** 광고 보상을 받기 위해서는 애드포스트 가입이 되어 있어야 하며 인플루언
서 홈에서의 광고 보상은 애드 포스트 가입 및 연동이 이루어져야 가능, 내 블
로그 본문에 프리미엄or헤드뷰 광고를 노출하기 위해서는 반드시 애드포스트
미디어로 블로그 등록 후, 블로그에서 애드포스트 사용 설정이 되어 있어야
함. (내 블로그〉관리〉메뉴 글 동영상 관리〉애드포스트 설정〉애드포스트 사용
설정〉사용)

2) 기타 다양한 혜택

성장지원 혜택 현황

그 밖의 혜택으로는 네이버플러스 멤버십 1년 이용권, 네이버 파트너스퀘어 이용, 온라인 네임 카드, 오늘의 토픽, 크리에이터 워크숍, 엑스퍼트 프로그램 참여 등등의 다양한 기회가 주어짐.

3) 네이버 브랜드 커넥트 캠페인 참여

브랜드 커넥트는 브랜드 회사 상품을 네이버가 인플루언서 사이 중계 역할을

해 광고를 주고 수익을 배분해주는 것을 의미. '네이버 브랜드 커넥트' 메뉴에 들어가 자신의 분야와 관련된 캠페인에 신청할 수 있으며 브랜드사가 그중 적합한 인원을 선정해 제품or제품+원고료를 지급

인플루언서 관련 보다 더 자세한 사항은 다음 링크를 통해 확인해 보길 바란다.

https://influencercenter.naver.com

대외활동

블로그를 할 때 관련 분야의 대외활동도 꾸준히 하면서 블로그를 함께 키워올 수 있었다. 블로그에 내 메인 주제의 글이 많이 쌓이고 그것을 레이아웃을 통해 보여주거나 타이틀 스킨을 만들어 어필하면 추후에 대외활동 지원 시 선정 확률이 높아진다. 나는 지금까지도 내 메인 분야인 '뷰티, 화장품'을 주제로 대외활동을 하고 있고 모두를 셀 수는 없지만 500개 이상 진행해온 것 같다. 대외활동은 내가 좋아하는 분야의 제품을 체험해 볼 수 있음은 물론 우수활동자로 선발 시 추가 상품 혹은 상금까지 노릴 수 있어 생활의 쏠쏠함을 부여해준다.

기억을 돌이켜 보면 한 대외활동에서 1등을 하여 상금 100만원을 수령한 적도 있고, 최근엔 베스트리뷰어로 LG 그램 노트북을 받았다. 이 외에도 지금 진행하는 대외활동도 활동이 끝나고 나면 적립금 5~10만원씩을 제공하는데 이 역시도 내가 좋아하는 브랜드의 화장품을 적립금으로 구매할 수 있어 꽤나 쏠쏠하더라. 제품과 받은 상금, 추가 부상까지 아마 몇 억이 되지 않을까 란 생각이 들 정도로 그런 쏠쏠함 때문에 바쁜 와중에 대외활동은 꾸준히 진행하고 있다. 자신의 메인 분야와 관련된 대외활동을 할 경우 오프라인 행사 때 인맥도 쌓을 수 있음은 물론 열심히 활동한 사람의 경우 인턴 기회까지 주어져 그 회사에 입사까지 하는 등의 추가 혜택도 누려볼 수 있다. 인생은 모르는 법. 일단 대외활동을 여러 개 하기보다는 하나의 활동을 제대로 하겠다는 생각으로 성실하게 임하다 보면 저절로 혜택들은 따라온다.

그렇다면 대외활동을 어떤 방법으로 찾아볼 수 있을지 궁금해하는 사람이 있을 것 같아 그 방법을 아래와 같이 소개해보고자 한다.

1) 블로그로 검색하기

블로그 VIEW 탭으로 들어가 본인의 메인 분야와 관련된 키워드를 검색해본다. 나를 예로 들면 나는 보통 화장품 뷰티 관련 대외활동을 원하기 때문에 다음과 같은 키워드로 검색해보곤 한다. [뷰티 서포터즈 모집] [뷰티 대외활동 모집] [화장품 서포터즈 모집] 등. 키워드로 검색 후 옵션에서 최신순을 클릭하면 블로거 분들이 포스팅한 최근 진행 중인 뷰티 대외활동이 상단으로 올라와 손쉽게 뷰티 대외활동 현황을 파악해 볼 수 있다.

〈이미지〉 네이버 VIEW탭에서 '화장품 서포터즈 모집'이란 키워드로 검색한 결과 이미지. 이 때 옵션에서 [정렬-최신순]으로 체크해줘야 최신 결과를 볼 수 있음

반드시 VIEW 탭에서 옵션을 다음과 같이 선택해준다. [정렬-최신순] 그러면 최근 진행 중인 뷰티 대외활동 정보를 손쉽게 찾아볼 수 있다.

2) 인스타그램 광고로 확인

인스타그램은 본인이 검색해보는 키워드로 타겟팅 광고를 보여준다. 예를 들어 내가 '책'을 검색하면 책 관련 광고를 보여주고, '화장품'을 검색하면 화장품 관련 광고를 보여주는 식이다. 나 같은 경우 실제로 화장품, 화장품 대외활동과 관련된 내용들을 많이 검색해보기 때문에 인스타그램 스토리나 피드를 보다 보면 브랜드 서포터즈 모집 관련 광고가 은근 많이 노출이 된다. 그렇게 신청을 하는 것도 하나의 방법이라 할 수 있겠다.

3) 대외활동 사이트 수시로 들어가기

이 외 대외활동 사이트에 수시로 들어가서 확인하는 방법이 있고 내가 주로 확인하는 방법이기도 하다. '데티즌' '씽굿'이라고 네이버에 검색하면 공모전 사이트가 뜨는데 '대외활동' 탭으로 들어가 보면 현재 진행되고 있는 각종 대외활동들을 확인할 수 있다. 네이버 카페는 '아웃캠퍼스' '스펙업'의 진행중인 대외활동 탭에서 확인이 가능하니 수시로 체크해 보고 평소 눈 여겨 보던 그리고 원하는 브랜드의 대외활동이 뜨면 지원해 보길 바란다.

[참고하면 좋을 대외활동 사이트]

데티즌 www.detizen.net

씽굿 www.thinkcontest.com

아웃캠퍼스 cafe.naver.com/outcampus

스펙업 cafe.naver.com/specup

대외활동 우수리뷰어 되는 꿀팁

실제로 대외활동을 여러 개 하면서 대부분 베스트리뷰어, 우수리뷰어로 선정되어 추가 보상을 받은 경험이 많다. 나만의 노하우를 간단하게 이야기해 보자면 먼저 브랜드에서 제공해주는 가이드라인에 맞춰 포스팅을 하고 마감기한은 필수로 지킨다. 최대한 제품의 특성이 잘 드러나도록 양질의 포스팅을 작성하되 움짤, 동영상 등도 다양하게 포함해준다.

포스팅을 완료했다면 포스팅 공감, 댓글을 유도하자. 이 때는 지인들에게 부탁을 해도 좋다. 최대한 할 수 있는 만큼 블로그 포스팅 공감, 댓글을 유도해보자. 무엇보다 양질의 퀄리티 있는 글을 쓰면 쓸수록 좋고, 블로그 미션이라면 본인이 가지고 있는 다양한 채널에 자발적으로 추가 홍보를 하면 우수리뷰어 선정 시 가산점이 주어진다. 어쨌든 모든 대외활동의 우수리뷰어 선정 인원은 한정되어 있고 모두가 경쟁 상대다. 베스트리뷰어의 경품을 꼭 받고 싶거나 베스트리뷰어로 선정이 되고 싶다면 평소 포스팅 작성하는 것 이상으로 자신의 열정을 최대한 발휘하는 것이 좋다.

참고로 모 대외활동에서 베스트리뷰어로 선정되어 LG그램 컴퓨터를 받았을 때는 최대한 상세하게 퀄리티 있는 후기를 작성하였고, 블로그 외 인스타그램에도 추가 후기를 작성했다. 사진 장수도 최대한 많이 넣고 가이드라인에 맞춰 성실하게 글을 완성한 후 결과를 기다리는데 때 마치 1명에게만 주어지는 베스트리뷰어로 선정이 되어 기뻤던 경험이 있다. 물론 본인이 아무리 열심히 글을 작성했다 한 들 선정하는 사람의 기준에 따라 선정이 될 수도 되지 않을 수도 있기에 본인은 최선만 다하고 나머지는 운에 맡기자. 즉, 열심히는 하되 기대는 하지 말고 묵묵히 결과를 기다리는 것이 베스트.

참고로 내가 화장품 마케터로 일할 때 브랜드 서포터즈 최종 베스트리뷰어를 선정하는 기준은 다음과 같았다. 마감일자 준수, 퀄리티 있는 후기, 추가 홍보 여부(블로그 혹은 인스타그램 외 타 채널에 글을 얼마나 홍보했는지), 키워드로의 상위노출 여부. 하지만 상위노출이 되지 않았더라도 브랜드 특성을 잘 살려 퀄리티 있는 후기를 작성한 사람이 있다면 우선적으로 선발했다. 아울러 특별미션이 있다면 특별미션 수행 여부 등도 종합적으로 따져 최종 선발을 진행했다. 물론 사람이 하는 일이기에 더 열심히 활동한 사람을 놓칠 수는 있지만 운영하다 보면 대부분 열심히 하는 사람은 계속해서 열심히 하고 그런 사람들이 꼭 눈에 띄더라.

아무쪼록 기왕에 브랜드 서포터즈 활동을 할 것이라면 조금 더 열정적으로 활동에 참여해 담당자 눈도장도 찍고 베스트리뷰어로 선정이 되어 좋은 베네핏도 받아보면 어떨까.

블로그 '카더라 통신' 바로잡기

블로그 '카더라 통신'
바로잡기

1) 복사 붙여넣기로 글을 작성하면 저품질에 걸린다?

본인이 직접 메모장이나 워드를 통해 작성한 글의 경우 복사 붙여넣기를 해도 상관이 없다. 단, 타인이 작성한 뉴스기사나 포스팅을 그대로 복사 붙여넣기 해서 올릴 경우엔 유사성 문서로 저품질에 빠질 우려가 있으니 주의하자.

2) 포스팅 후 수정하면 저품질에 걸린다?

물론 한 번 발행한 포스팅을 상위노출을 위해 너무 자주 수정을 할 경우 누락이 될 우려가 있는 건 사실이다. 하지만 오타나 잘못된 부분의 수정은 괜찮다. 잘못된 정보로 있는 문서보다는 수정된 문서가 더 좋은 문서이기 때문이다.

3) 너무 늦은 시간에 포스팅을 발행하면 안 좋다?

물론 새벽 늦은 시간에 발행하면 그만큼 많은 사람들이 포스팅을 볼 수 없긴 하지만 그렇다고 너무 늦은 시간에 포스팅을 발행한다고 하여 안 좋은 건 아니다. 포스팅 발행 시간대는 본인의 블로그를 찾아오는 사람들의 통계수치를 확인해 많이 방문하는 시간대의 발행이 제일 좋으니 참고하기 바란다.

4) 외부 링크를 많이 넣으면 안 된다?

글의 주제와 문맥에 맞는 링크는 괜찮다. 과하지만 않으면 말이다. 단, 동일하고 반복된 링크, 낚시성 링크는 스팸 문서로 분류될 수 있고 외부 링크를 매일 사용하는 것은 가급적 주의해야 한다.

5) 사진을 많이 넣어야 좋다?

이미지는 3장이어도 노출엔 문제가 없다고 하며 이미지의 수와 형태, 파일명에 대한 제한은 없다고 한다. 단, 사진을 너무 과하게 넣는 것보다는 적당히 넣는 편이 좋으며 퍼온 사진이 아닌 자신이 직접 찍은 사진을 넣는 것이 좋다. 내용이 잘 설명될 수 있는 이미지면 어떤 형태든 상관없다고 하니 참고하자.

6) 공감, 댓글, 스크랩이 검색결과에 많은 영향을 준다?

물론 예전에는 어느 정도 이런 부분이 있었으나 위의 기능들은 프로그램을 사용해 얼마든지 어뷰징이 가능한 행위여서 현재는 검색 랭킹 산정에 영향을 주지 않는다고 한다.

7) 1일 1포스팅이 좋다?

물론 1일 1포스팅은 블로그 성장을 빠르게 견인하는 수단일 뿐 1일 1포스팅을 하지 않아도 전혀 문제는 없다. 포스팅은 1일 1포스팅보다 1개의 포스팅을 발행하더라도 양질의 포스팅을 작성하는 것이 블로그 활성화에 더 유리하므로 참고하기 바란다.

8) 블로그를 오래 방치해두면 저품질에 걸린다?

블로그를 오래 방치해 뒀다가 다시 들어와서 글을 쓰면 쓰는 글들이 뒤로 밀려 있거나 검색해도 나오지 않는 경우가 있을 수는 있다. 하지만 그 이후에 꾸준히 양질의 좋은 포스팅을 하면 회복이 될 수 있다. 저품질은 네이버가 금지하는 행위를 했거나 좋지 않은 행동을 했을 때 발생하기 때문이다.

체험단 사이트 리스트&
체험단 직접 의뢰하는 팁

체험단 사이트
총정리

아래는 체험단 사이트의 일부를 정리해 놓은 것이다. 물론 체험단 사이트도 다양한 사이트들이 존재하지만 그 중에서도 활성화된 곳 위주로 정리하였으니 블로그를 어느 정도 활성화시켰다면 이제 아래의 체험단 사이트로 들어가 다양한 체험단에 지원해보자.

[체험단 사이트 리스트]

웨이워즈체험단 https://blog.naver.com/show2217

레뷰체험단 https://www.revu.net

파블로체험단 https://blog.naver.com/joungkjj

꿈녀 https://cafe.naver.com/bornnborn

블로그원정대 https://blog.naver.com/ajw4151

파우더룸 https://cafe.naver.com/cosmania

레몬테라스 https://cafe.naver.com/remonterrace

리뷰플레이스 https://www.reviewplace.co.kr

똑똑체험단 https://cafe.naver.com/alllmarket

네이버무료체험

https://shopping.naver.com/plan2/p/experience.naver

디너의여왕 https://dinnerqueen.net

오마이블로그 https://kormedia.co.kr

놀러와체험단 https://cometoplay.kr

모두블로그 https://www.modublog.co.kr

블로그주민센터 www.from-blog.com

포블로그 https://4blog.net

구구다스 https://99das.com

리얼리뷰 https://www.real-review.kr

체험단 직접
의뢰하는 꿀팁

어느 정도 블로그를 운영하고 블로그 지수와 방문자가 높아진 상태에서는 체험단으로 선정될 확률 또한 높아진다고 볼 수 있다. 하지만 체험단 사이트는 업체에서 의뢰한 제품들이 주를 이루기 때문에 정작 내가 체험해보고 싶은 상품은 없을 확률이 더 크다.

나 같은 경우도 체험단 사이트에 없는 제품을 체험해보고 싶은 생각이 들 때면 네이버 톡톡 혹은 해당 사이트 하단에 나와 있는 마케팅팀 혹은 회사 이메일로 협찬 의뢰 메일을 보낸다. 이 경우 협찬 계획이 없거나 그들이 봤을 때 내 블로그와 자신들의 제품이 어울리지 않겠다 생각하면 협찬을 거절할 수도 있지만 대부분은 기분 좋게 협찬을 해주는 편이다. 중저가의 제품이라면 부담 없이 협찬을 해주는 경우가 있지만 고가의 제품 같은 경우엔 내 블로그를 어필할 수 있는 포트폴리오 같은 문서를 준비해 협찬 받고자 하는 업체에 보내 보는 방법도 있다.

만약 체험단을 직접 업체에 의뢰해 협찬을 받았다면 가급적 가이드라인, 마감기한에 맞춰 양질의 컨텐츠를 작성해보자. 업체에서 내 블로그 글을 좋게 봤을 경우 추가로 기존제품 or 신제품 협찬 문의를 할 수 있기 때문에 이 부분을 고려해 좋은 포스팅을 진행해 보길 바란다.

Epilogue

내 속도에 맞춰
꾸준하게 블로그를 운영해보자!

내가 정말 쓰고 싶은 주제의 책이 이제야 세상의 빛을 보게 되었다. 블로그를 13년 이상 운영하면서 블로그 관련 주제로 책을 쓰고 싶다는 생각을 늘 했었지만 항상 나 자신에 한계를 두면서 생각으로만 끝냈던 것 같다. 그 이후로도 계속 미루기만 하다 이제서야 블로그 운영 노하우와 관련된 책을 완성할 수 있게 되어 굉장히 뿌듯하다.

블로그를 처음 운영할 당시에 아무런 전략 없이 그냥 재미로 시작하게 된 것이 나중에 큰 수익을 가져다준 운 좋은 케이스이기도 하지만 여러분들은 시행착오 없이 본 책 한 권으로 블로그를 올바르게 운영하는 팁과 노하우를 터득해 빠르게 수익화 블로그로 성장해 나갔으면 좋겠다. 그런 마음을 담아 알아 두면 좋을 정보들의 핵심만 알차게 담았다.

195쪽 분량이나 되는 책의 내용을 한 줄로 요약하자면 다음과 같이 요약할 수 있을 것 같다. **'블로그 운영 시 꾸준함도 물론 중요하지만 글을 쓸 때 내 입장이 아닌 유저의 입장에서 오래 머무를 수 있을 만한 양질의 컨텐츠를 제작하는 것이 가장 중요하다'** 다른 건 다 필요 없고 이 내용 하나만이라도 기억하고 블로그를 운영했으면 좋겠다. 아무리 네이버 로직이 바뀐다 한 들 위의 내용엔 변함이 없을 것이기 때문이다.

항상 무슨 일을 하다 보면 꾸준함의 중요성을 느낀다. 하지만 사람들은 부업거리로 빠르게 돈 벌 거리만을 급하게 찾다 보니 중간에 하다가 안되면 무조건적으로 포기하고 또 다른 부업거리를 찾아 나서곤 한다. 하지만 꾸준함의 중요성도 모르는데 다음

부업거리라고 성공할 리 있겠는가. 그 사람들은 어느 것 하나 제대로 이루지 못하고 계속해서 새로운 부업거리만 찾아 다니게 될 것이고 결국 돈도 벌지 못한 채 실패하게 될 것이다. 어떤 것을 하나 하더라도 운영 전략과 노하우를 알고 그것을 적용 및 분석하면서 그저 꾸준히 하다 보면 돈은 스스로 따라온다. 하지만 이 때도 유념해야 할 것은 돈이 목적이 되어서는 안 된다는 것이다. **돈 보다는 [가치]에 집중하라.**

 어쨌든 내가 13년째 꾸준히 블로그를 운영하고 있는 것은 재미 때문이기도 하지만 유저로 하여금 유용한 정보를 제공하고 그들이 계속해서 내 블로그를 찾아주는 것이 뿌듯해서다. 그리고 이것들이 내가 지금까지 블로그를 지속적으로 하게 만드는 원동력이 되어주고 있다.

 역사 수업 시간에 많이 언급되는 '홍익인간'. 누구나 그 뜻을 잘 알 것이라 생각한다. '널리 세상을 이롭게 하라' 무슨 일을 하더라도 많은 사람들에게 이롭고 가치 있는 무언가를 주겠다는 생각으로 임하다 보면 훨씬 좋은 성과를 얻을 수 있을 것이다. 블로그도 마찬가지다. 사람들에게 유익한 가치를 주면 뒤에 돈은 무조건 따라온다.

지금도 블로그 관련 정보를 담은 종이책, 전자책, 강의 등이 많이 나오고 있을 것이다. 하지만 정작 중요한 건 블로그 운영 관련 알아야 할 필수적인 정보는 있지만 그 정답은 어디에도 없다는 것이다. 블로그 운영 시 필수로 알아야 할 정보를 습득하고 직접 운영해보면서 시행착오도 거쳐보고 스스로 깨우치면서 나만의 색다른 노하우를 터득하는 것이야 말로 더 뜻깊은 공부가 아닐까 싶다. 이런 과정을 꾸준히 거치다 보면 나에게 맞는 정답을 찾을 수도 있을 것이다. 그러니 본 책을 모두 읽고 블로그 운영 노하우와 팁을 어느 정도 이해했다면 메인 분야로 내 블로그를 키운다는 생각으로 일단 블로그부터 만들어 꾸준히 운영해보자.

블로그 운영 처음에만 힘들고 어렵지 꾸준히 하다 보면 어느새 1일 1포스팅이 습관화되어 하나의 취미 생활로 자리 잡히게 되는 순간이 온다. 그리고 부가적인 수익이 뒤따라오면서 생활의 쏠쏠함도 함께 느낄 수 있을 것이다.

 오늘부터라도 내 속도에 맞춰 꾸준하게 블로그를 운영해보면 어떨까. 무엇을 하든 당신의 성공을 진심으로 응원한다.